D1754461

Barbara Ter-Nedden & Annie Katherina Kawka-Wegmann

(Hrsg.)

Der Kleine Hauch

Anthologie

Bibliografische Information der Deutschen Nationalbibliothek:

Die Deutsche Nationalbibliothek verzeichnet diese Publikation in der Deutschen Nationalbibliografie; detaillierte bibliografische Daten sind im Internet über http://dnb.d-nb.de abrufbar.

Das Werk einschließlich aller seiner Teile ist urheberrechtlich geschützt.

1. Auflage: November 2023
Lektorat: Annie Katherina Kawka-Wegmann | Michael Kavka
Umschlaggestaltung: Rose Bernfeld unter Verwendung
einer Grafik von Michael Kavka
© Kid Verlag
© die Autorinnen und Autoren
Kid Verlag | Samansstr. 4 | 53227 Bonn
www.Kid-Verlag.de
ISBN 978-3-949979-46-0
Druck : WIRmachenDRUCK GmbH | 71522 Backnang
Printed in Germany

INHALT

Elke Heinemann: **gewölk**	7
Arno Kleinebeckel: **Cafe Zero**	9
Andreas Lehmann: **Schwimmen gehen**	17
Daniel Mylow: **Mein Herz ist müde**	26
Andreas Andrej Peters: **Krieg & Frieden**	36
Roland Schulz: **Der Kleine Hauch**	53
Rolf Karl Siegmann: **Milch der Träume**	66
Lelia Strysewske: **Tränen reichen**	75
Annie Katherina Kawka-Wegmann: **Laudationes**	85
Autorinnen und Autoren	124

Elke Heinemann

gewölk
manifestationen i – xxvi
(Auszug)

x
himmelsarterie nervenstrahlen des firmaments vereinzelt schemen wie graffiti stumme schreie weltschmerz einge kratzt in eine fläche deren farben an wörter denken lassen wie delft kobalt indigo ultramarin ein tagesspuk auf azur dann neue trugbilder flüchtig wie die vorigen wie das la chen das ohne laut aus ihnen herauszudringen scheint ohne spur ist alles auch der weltschmerz nur eine fantasie

xi
deckt sich ein wie zur ruhe oder ist es ein albtraum eine vorahnung von zerstörung von etwas dunklem das nach den hellen inseln im licht ausholt das sich auf sie legt das licht weicht aus erwandert sich andere inseln die noch nicht von dunkelheit erfasst sind verwandelt sie in lichtun gen erweitert sie zu einem leuchtenden feld das dunkel heit verdrängt den albtraum die vorahnung von zerstörung

xii
gerade noch eine kleine öffnung ein einstieg ins all noch nicht aber ein freiraum umrahmt von lockerem grauweiß das alles andere bedeckt sich dann verschiebt zerfasert andere freiräume aufdeckt die rasch mehr und mehr raum nehmen bis lichtes grau aus ihnen selbst hervordringt sich ausweitet sich aufteilt in riesenflocken rasch so als würde die zeit vorgespult davonzieht und freiräume hinterlässt

xiii
rot trompetet in den himmel schliert sich ein in das aufge
schäumte nebelblau das bleibt für eine weile das nicht
geht obwohl das relief mehr und mehr rot zeigt das sich
ins rosafarbene abschwächt dem nebelblau nachgibt nach
innen sich wendet um zu verschwinden wo aber wo ist das
rot im nebelblau kaum noch zu sehen nur noch spuren
gibt es von diesem rot das laut auftrat nun nicht mehr ist

xiv
pünktelt weiß am horizont tupft weiter wie in einem illus
trierten kinderbuch macht sich groß als ein ganzes bricht
es nun auf und zerweht in gedecktem grau das alles ver
schattet kein weiß ist mehr zu sehen aber frische spuren
von dunklem blau das das dumpfe grau aufsaugt das sich
ausbreitet das nach und nach nachthimmel ist das gar
nichts anderes neben sich zulässt kein grau und kein weiß

xv
und wenn da nichts ist außer dem tiefblauen blau aber ist
da nichts außer dem tiefblauen blau oder ist da doch et
was außer dem tiefblauen blau diesem allgegenwärtigen
tiefblauen blau das sich vielleicht ein wenig ausdünnt in
der ferne das sich vielleicht ein wenig aufhellt in der ferne
das nicht mehr tiefblau ist in der ferne das ein mittelblaues
blau ist ein hellblaues blau ist bis es sich dem weiß ergibt

Arno Kleinebeckel

Cafe Zero

Wir waren spazieren zur Zeit der größten Mittagshitze in den Straßen von Saint-Jean-de-Luz. Es ist fast vierzig Jahre her. *Omnia vulnerant, ultima necat.* Der Denkspruch prangte über der Sonnenuhr an unserem gelb getünchten Ferienhaus. Was mach ich hier überhaupt. Vor der Treppe Hortensien. Der Schatten des Uhrenstabs zeigt auf Eins.

*

Berlin. Eines schönen Morgens, es muss im Sommer 1987 gewesen sein, verlassen wir (Jess und ich) die Wohnung in Charlottenburg und gehen frühstücken. Jess ist nicht ausgeschlafen, aber sie lässt es sich nicht anmerken. Die Witterung gibt sich betont freundlich an diesem Vormittag.

Wir haben die üppige Bleibe, 110 Quadratmeter, für sechs Tage zur Nutzung. Eine großzügige Geste meines alten Freundes Paul. Jess und ich nutzen die Gelegenheit. Einmal sind wir nachts um 3:00 Uhr einfach kreuz und quer durch Berlin gefahren. Es gab keine Polizeistunde. Hier und da sind Cafés geöffnet. Wir essen Kirschkuchen mit Schlagsahne; außer uns kein Gast im Lokal. Vielleicht der unsichtbare Dylon Thomas?

Do not go gentle into that good night.

Dann Morgenstimmung. Ein staubiger Platz, ein Bistro, ein paar Tische und Stühle draußen. Die graue Erinnerung versagt den Dienst: Kein Ort mit dauerhaften Koordinaten. Dafür: Seltsames Glücksgefühl bei Toast, Eiern und Kaffee. Gegenüber Wohnblocks, eine langgezogene Häuserreihe. Nicht weit eine Baugrube mit riesigen Kränen, die ihre ausgereckten Stahlarme ruhig in der Morgensonne schwenken.

Wir sind Mitte Dreißig, nie war Leben bestimmter. Das Glück fühlt sich nah an, Blut pocht in meinen Adern. So habe ich es mir immer vorgestellt. Dieser Moment: Alles wird gut.

*

Sagen Sie bitte mal: „Ich höre ein Flugzeug. Ich lege die Hände an einen Baum. Ich spüre die Baumrinde. Gucken Sie nach oben! Atmen, tief atmen! Jetzt nach unten!"

*

Wie war das, als ich Jess zum ersten Mal sah.

Alles an ihr war klasse, so, wie sie da stand. Das Weiß ihrer Zähne, wenn sie den Mund verzog. Das grüne Augenpaar, dem ich kaum standhielt. Diese Blicke. Die bombastische Textur ihrer Haut, das Muttermal im Nacken, die ganze Noblesse, jeder Zentimeter ein Kick.

*

An einem Freitag – Ewigkeiten her –, streikte mein Ford. Das kam so: Als ich frühmorgens das Haus verließ, um zur Arbeit zu fahren, muckte die olle Karre. Ich öffnete missmutig den Motorraumdeckel und musterte den Motorraum. Ohne Befund. Der Motor drehte, aber der Wagen sprang nicht an. Ich ging ins Haus zurück und rief bei Winny an. Winny war der Bruder von Jess und hatte in einem Hinterhof am Rand der Stadt, da, wo es nach Westen geht, eine Werkstatt.

Winny hob nicht ab. Ich verstand das als Zeichen, es war nicht mein Tag. Ich telefonierte mit dem nächsten Kunden auf meiner Liste und rief Hasselbeck an, so hieß mein Chef, das Auto springt nicht an. Okay. Dann schob ich beschwingt zu Mary's Laden an der Ecke und besorgte Kaffee und Weißbrot. Mary war immer meine letzte Rettung, ihr war das völlig klar.

Zurück in meiner verwaisten Küche, kippte ich das abgestandene Kaffeewasser in den Ausguss und setzte neues auf.

*

An diesem Abend war Jess nicht erreichbar. Keine Verbindung, kein Rückruf, null.

Meine Zeit ist keine Zeit. Bin ich eine verwunschene Seele, gepflanzt an versiegenden Wasserbächen?

*

Nächtliche Fahrt, auf dem Urkontinent meiner Erinnerung. Entlang den darbenden Strömen, allein in meinem angejahrten Mustang Coupé, vier Liter, auf der A4.

Quer über den Rhein nach Westen. Ich döse im fünften Gang. Geruhsames Motorgrummeln. Meilenweit nur Business: Schwere Bagger zu mieten. Ein Bataillon Dieseltransporter. Gelbe Bulldozer, aufgereiht wie Spielzeuge im Kaufhausregal.

Die Leichtigkeit des Fahrens. Die Küste, ewiger Fluchtpunkt.

*

Meine Route geht via Köln und Aachen: Schinnen, Oirsbeek, ein Schloss zur Rechten. Dämmerung. Lebhafter Verkehr. Lagerhallen zur Linken, Reklametafeln, schimmernde Büros. Eine überdimensionale nackte Schöne wirbt für Construction Equipment. Die Neigung der Erdachse konstant.

*

Ich beschließe, in Middelburg Station zu machen. Die runtergefahrenen Pneus meines Ponys holpern über die Schroebrug, die im Winter abends selten mal hochgezogen wird. Endlich geschafft. Endlich werde ich mich los, den gewöhnlichen Menschen.

*

Montag. In die Stadt zum Frühstück. Ich entscheide mich fürs Wooncafé im Zentrum, nicht weit von der alten Abtei. Eine Frau aus dem nahen Altenheim trinkt an einem der hölzernen Retro-Tische ihren Kaffee, schaut sich um, hebt ab und zu die Kuchengabel, um damit alle Welt zu grüßen. In der Ecke wartet der Rollator. Ein älterer Mann vom Nachbartisch guckt die ganze Zeit zu mir herüber. Nach einer Weile steht er auf, kommt an meinen Tisch und fragt mich nach meiner Herkunft. „Waar komt u vandaan?"

Ich komme aus dem Nichts.

Beim Bummel entdecke ich an der Stationsstraat unweit der Bahnhofsbrücke eine wundervolle Konditorei. Ein Junge radelt dicht an mir vorbei, er tritt stramm in die Pedale, auf seinem schmächtigen Rücken ein enormer Geigenkasten. Es ist windig; Möwen schreien über der Stadt.

*

Was heißt das: Vergebung? Ist uns alles vergeben? Die Strafe im Paradies.

*

Mittwochvormittag. Klebe hier fest. Ich suche mir einen Platz in der Zeeuwse Bibliotheek, die direkt am Binnenhafen liegt. Es ist Januar, draußen kühle Seeluft. Drinnen ist es still, beinahe unheimlich. Die Fensterfront geht zum Kousteensedijk hinaus. Zwei Tische weiter durchstöbert ein älterer Gast die Tagespresse. Leises Hüsteln.

Die Häuser am Kousteensedijk sind alt, sie stehen da wie Todgeweihte. Meine Blicke hangeln sich an den weiß getünchten Fassaden hoch, die sich schräg gegenüber dem trüben Morgenlicht zeigen. Hier und da eine Dachgaube.

Ich träume mich in einen der Erker, glaube die knarrenden Dielen beim Ersteigen zu hören, rieche die abgestandene Luft aus Staub, vergangenen Sommertagen und gedörrtem Obst.

Da, im Innenraum der Ewigkeit.

*

Kaum die Küste ins Visier genommen. In aller Herrgottsfrühe zurück.

Der Scheibenwischer schlägt sein eintöniges Hin und Her, Hin und Her. Davor das endlose Band der Straße, das abgerollt daliegt bis hin zu einem diffusen geisterhaften Horizont.

*

Wochenende. Sitze auf einem der Hocker hart am Tresen, die Unterarme aufgestützt, nippe an meinem Bier, höre der Musik zu, die aus vier abgehalfterten Boxen kommt, blase Trübsal und beobachte das ewige Gleichmaß von Frankies Bewegungen und Handgriffen. Mein altes Leben hat mich wieder.

Die funkelnde Parade der vollen und weniger vollen Flaschen in dem verspiegelten Barregal hinter der Theke wirkt angenehm beruhigend auf meine marode Verfassung. Frankie, der Wirt, ein junger Mensch von kaum dreißig Jahren, registriert mit stoischer Gelassenheit und stets gleichbleibender Konzilianz jede Bestellung, beantwortet jeden Zuruf mit einem Kopfnicken, führt Schritte und Handreichungen schnell und präzise aus: Spülen, Zapfen, Bedienen, Notieren, eine Verdammnis ohne Bewährung.

Die Liebe ist messerscharf.

*

Wie so oft war es Abend, wenn ich in meinem Wagen durch die Gegend fuhr. Bei mir hatte ich Jess, meine Geliebte. Ich war ein Biedermann mit einer Geliebten. Die Lichterketten über der Stadt funkelten.

Zeitschneise.

Die Gedächtniskirche stakt aus dem trüben Nichts der Straße. Ich sitze am Steuer. Blicke durch die Frontscheibe von meinem alten Pony. Die Welt liegt draußen. Vor mir zieht sich der Asphalt. Ich sehe Rückleuchten durch den Regen. Die Straße tot. Die Bewegung auf ihr mechanisch.

Leben, Leben, du übles Pfandhaus.

*

Immer öfter klopfe ich mit dem Handballen auf die Gegend um die Schläfe, mein Kopf spielt schon eine ganze Weile verrückt; nervig, die Aussetzer bei dem Versuch, alles auf die Reihe zu kriegen.

*

In jenem Sommer 1986, es war mein Garten-Erinnerungs-Sommer, ich war mit Mühe gerade fünfunddreißig geworden, war es genau dasselbe. Ich fuhr mit dem Wagen durch Straßen in diesem vermaledeiten Jahrhundert, einem Lügenjahrhundert. Meine Welt war gefräßig, eine boshafte Maschine, die meinen Willen zersetzte, an meiner Energie nagte und vor allem: mir meine Zeit stahl. An diesem bestimmten Nachmittag wurde mir das klar.

*

Jess wird nie wiederkommen. Man fand sie neben ihrem vollständig zerstörten Rad. Niemand war Zeuge. Es gab keine Anklage, keine Beteiligten. Ein paar Fotos vom Unfallort, zwei oder drei schmale Akten, vage Anhaltspunkte und sonst nichts. Die Ermittlungen wurden eingestellt.

*

Eine Haltestelle im Nirgendwo (Stadt der Träume).

Früher Abend, irgendwo vor den Toren von Berlin. Kein Mensch auf der Straße. Ein unsichtbares Volk. Man sitzt zu Hause um die Zeit: Bürgerpflicht. Man isst, man trinkt. Stumpfes Beharren.

Ich steh mir die Beine in den Bauch. Kein Bus in Sicht, der Fahrplan abgefackelt. Unschlüssigkeit. Vor dem 30er-Jahre-Backsteinbau geh ich auf und ab, eine Wartehalle ins Nichts. Oder in die Hölle.

Diese Leere. Die Starre, die ungeheure Grabesruhe in den noblen Villenvierteln. Ein Utopia der Verwesung.

Wo um alles in der Welt wollte ich eigentlich hin?

*

Die Gleichheit im Stofflichen, diese Ähnlichkeit der Haut, der körpereigenen Organisation. Ich musste immer wieder an sie denken: Bronzefarbener Hautton, mein flüchtiger Blick auf ihre Fesseln, das Gefühl der Verwandtschaft im Sinnlichen. Ein Anflug von schlechtem Gewissen.

*

Manchmal tingelte ich noch durch die Gegend im Norden der

Stadt, wo wir uns zum ersten Mal über den Weg gelaufen waren. Ich kannte dort jede Kneipe und jeden verfluchten Laden.

Wir landeten im „Zero", seinerzeit. Ich aß etwas, Jess saß nur da und trank Spicy Eight. Sie sah mich an. „Was ist das hier?" Ich rümpfte die Nase. Mir war nicht nach Erklärungen. Dann lachte sie aus voller Seele, gut gelaunt, wie das ihre Art war. Immer leicht provokant.

Zeit und Zufall trifft sie alle.

*

Der verstörende Duft von Aquitaine. Der überladene Hortensienstrauch. Meine Knochen waren wie Blei, als ich die Treppe zu meinem schäbigen Zimmer hochkroch. Ich fiel auf mein Lager, das metallisch roch, und hüllte mich ins Laken. Ich kam mir vor wie eine Leiche im Leichentuch.

„Weißt du noch, unser gelbes Haus?" Ich taste im Traum vergeblich nach ihrer Hand.

Ein gewaltiger, monströser Uhrzeiger bohrt sich in den Asphalt. Wirtshaus, Kathedrale, Straße bersten in einem ekstatischen Nu. Die Welt, ein Nichts aus Stein.

Ich sehe Jess, wie sie mit ihren nackten muskulösen Armen nach dem metallenen Zeiger greift, der aussieht wie ein riesenhafter skelettierter Finger.

Als könnte er ihr das Leben retten.

Andreas Lehmann

Schwimmen gehen

Wie froh bin ich, dass ich weg bin. Er überlegte, ob er noch etwas hinzusetzen sollte, beließ es aber dabei und warf die Karte ein. Keine Anrede, kein Gruß, nicht mal das Datum oben rechts. Es war ein seltsames Gefühl gewesen, seine eigene Adresse darauf zu schreiben; nicht zu wissen vor allem, ob es wirklich noch seine eigene war.

Er ging aus dem Dorf hinaus, einfach ein paar Schritte auf dem Deich entlang. Ab und zu blieb er stehen, sah auf das Meer, das sich immer weiter zurückzog. Möwen und Seeschwalben standen am Himmel, im Wind schaukelnd wie Boote auf dem Wasser, und füllten die Luft mit ihren Rufen.

Wie froh ich bin, wie froh ich bin.

Ob sie ahnte, dass er hier war, ausgerechnet hier? Er schlug den Kragen seiner Jacke hoch und wandte sich vom Wind ab. Er hatte nie begriffen, was sie an diesem Wetter so liebte. Kälte und Nässe, Peitschenhiebe, vor denen man sich kaum schützen konnte. Es gab Küstenorte am Mittelmeer, an deren Stränden man neun Monate im Jahr baden konnte, sogar nachts nicht fror. Wo man nicht abwechselnd an Land gepresst und mit roher Kraft aufs Meer hinausgezogen wurde. Über *seine* Kälte beschwerte sie sich, seine Rohheit sogar, aber hier hatte sie sich immer wieder mit Genuss einer Feindseligkeit ausgesetzt, gegen die sein Schweigen, selbst wenn es Tage dauerte, noch nicht einmal der harmlosen Laune eines Kindes glich.

Er ging vom Deich hinunter und an den kargen Weiden entlang zurück ins Dorf. Er betrat das erstbeste Café „Zum Deichblick", obwohl man von keinem Fenster aus den Deich, geschweige denn darüber hinaus sehen konnte. Wahrscheinlich waren sie auch hier schon gewesen, er konnte sich bloß nicht daran erinnern. Kurz machte ihm das Angst, dann freute er sich. Vielleicht entdeckte er tatsächlich noch etwas, das sie nicht kannte. Er zog seine Jacke aus und legte das Notizbuch auf den Tisch. Außer ihm war nur eine Frau hier, sie saß vor einem leeren Teeglas und starrte in die Luft. Erfolglos versuchte er, Blickkontakt herzustellen, doch als sie endlich zu ihm hersah, wandte er sich ab, nahm das Buch, warf sich die Jacke über und verschwand, ohne etwas bestellt zu haben.

In den nächsten Tagen ging er immer wieder dieselben Wege. Es war, als ob er eine Melodie im Kopf hätte, die er nicht loswürde. Er versuchte, im Stillen ein anderes Lied anzustimmen, aber es war die eine hartnäckige Tonfolge, in die er immer wieder verfiel. Er kaufte jeden Tag eine Postkarte, schrieb einen einzigen Satz darauf, warf sie in denselben Briefkasten und spazierte über den Deich. Das Meer war vom Himmel oft kaum zu unterscheiden, nur eine dünne Trennlinie, die zwischen zwei grau getönten Flächen verlief. Der Geruch aber, die Salzfeuchte der Luft und das unaufhörliche Rauschen blieben unverändert. Auch die Frau saß häufig in dem Café, immer allein und mit diesem Blick, der an nichts hängen zu bleiben schien. Als übte sie sich darin, mit offenen Augen so wenig wie möglich zu sehen.

„Wenn ich fröhliche Menschen sehe, möchte ich ihnen immer beweisen, dass sie im Irrtum sind."

Er sah sie an. Auch heute waren sie die einzigen Gäste, sie konnte nur ihn gemeint haben. Er lachte, hob sofort seine Hände: „Sorry, das war kein fröhliches Lachen. Echt nicht."

Sie lächelte nicht, aber etwas veränderte sich doch in ihrem Gesicht. Vielleicht war es nur, dass sie ihn zum ersten Mal wahrzunehmen schien. „Darf ich?"

„Aber klar", sagte er, stand auf und deutete auf den freien Platz an seinem Tisch. Als sie nicht reagierte, nahm er seinen Kaffee und sein Buch und setzte sich zu ihr. „Nebensaison, oder? Nicht gerade voll hier."

Sie schaute in ihr Teeglas, als ob es einer eingehenden Prüfung bedürfte, um festzustellen, dass es leer war. „Was schreiben Sie da auf?", fragte sie. Ihre Stimme war leise und trocken.

„Ach das", sagte er. „Nichts. Das ist nur ... Na ja, ich nenne es mein Lebensbuch." Als er es aussprach, merkte er, wie kitschig es klang. „Ich notiere bloß ein paar Ideen. Was ich habe, was mir fehlt, was ich will. Pläne, Resümees, solches Zeug."

Es war ihr nicht anzusehen, ob sie ihn überhaupt gehört hatte. Vera hätte mindestens die Stirn gerunzelt, hätte ihm gezeigt, dass sie seinen Ernst, sein Selbstfindungspathos verschroben fand – um es freundlich auszudrücken. Er wandte sich zur Tür, als ob Vera dort stünde und ihn ansähe. Wenn sie seine Postkarten erhalten hatte, wusste sie längst, wohin er sich aus dem Staub gemacht hatte. *Musste denn das so sein, dass das, was des Menschen Glückseligkeit macht, wieder die Quelle seines Elendes wurde?* Den Satz hatte er heute eingeworfen, vor einer knappen Stunde.

„Und", sagte die Frau, „wie weit sind Sie schon?" Sie sah sein Buch an, hob ihre Augenbrauen.

Er legte beide Hände auf das Buch, wie um es zu schützen. Doch es gab nichts zu schützen, nur unberührte Seiten. „Ich bin noch nicht soweit."

„Ist das ein Plan oder ein Resümee?"

Er lachte wieder, und ihr Blick wurde sofort skeptisch. „Mir fällt nicht allzu viel ein grade. Deswegen das Buch."

Sie zuckte die Schultern, hielt ihre leere Tasse in die Luft, und kurz darauf brachte die Kellnerin ihr einen neuen Tee. Auch er bestellte noch einen Kaffee, und dann schwiegen sie lange, saßen sich am selben Tisch gegenüber, als würden sie einander gar nicht bemerken.

„Also dann", sagte sie irgendwann, stand auf und ging hinaus. Ihre Rechnung übernahm er.

Am Abend saß er in seiner Ferienwohnung und versuchte, die Begegnung in seinem Buch zu beschreiben. Doch er wusste schon nicht einmal mehr, was sie angehabt hatte, wie alt sie sein mochte und was genau sie gesagt hatte. Obwohl es fast nichts gewesen war, verflüchtigten sich ihre wenigen Worte und Gesten, als er sie in einer Notiz zu fixieren versuchte. Er schlug das Buch zu und gab auf. Er griff nach seinem Telefon, widerstand aber dem Impuls, es einzuschalten. Nachdem er das Licht gelöscht hatte, saß er lange im Dunkeln und schaffte es nur mit Mühe, irgendwann ins Bett zu gehen.

In den nächsten Tagen unternahm er gar nichts. Er schrieb keine Postkarten mehr, ging nicht auf den Deich und suchte auch das Café nicht auf, obwohl er ständig daran dachte. Vier Wochen Urlaub hatte er eingereicht, ungewöhnlich viel und ungewöhnlich spontan, aber er war ihm sofort genehmigt worden. Offenbar sahen alle, wie dringend er Erholung brauchte. Eine gute Woche blieb ihm noch, und er wusste nicht einmal, ob er noch ein Zuhause hatte, in das er zurückkehren konnte.

Erst als das Wetter noch schlechter wurde, machte er sich wieder auf den Weg. Er kaufte eine Postkarte, adressierte sie und warf sie ein, ohne ein weiteres Wort darauf zu schreiben. Es regnete heftig, am Himmel waren nicht einmal einzelne Wolken zu erkennen, und er fror, obwohl er eine Mütze aufgesetzt und die Jacke bis unter das Kinn geschlossen hatte. Wieder war niemand in dem Café außer der Frau. Er lächelte, als er sie sah, und setzte sich zu ihr, ohne um Erlaubnis zu fragen.

„Fleißig gewesen?", fragte sie. Sie machte mit der rechten Hand eine Bewegung, als blättere sie Seiten um.

Er hatte sein Buch nicht dabei. Was immer er in den letzten Tagen zu formulieren versucht hatte, war zu nichts zerstoben. Hätte er seine Gedanken aufgeschrieben, wären sie fixierte Anfänge geblieben; Bauruinen, in denen nie jemand würde leben können.

„Und Sie?", sagte er. „Machen Sie Urlaub hier?"

Sie lachte, zum allerersten Mal. „Egal wo ich bin, ich habe immer das Gefühl, dass ich weg muss. Schon, wenn ich meinen Koffer auspacke, kommt es mir so vor, als ob ich meine Abreise vorbereite."

„Woher kommen Sie denn?"

„Als Kind wollte ich schwimmen lernen", sagte sie, „aber ich hab mich an den Beckenrand geklammert wie an einen Rettungsring."

Er lehnte sich zurück, hatte das gute Gefühl, ein langes Gespräch geführt zu haben. Als wollte ihm endlich jemand helfen, ihm die Augen zu öffnen. Vielleicht sollte er sie einladen und alles mitschreiben, das sie von sich gab. Auch ihr Schweigen. „Heute Abend", schlug er vor, „bei mir?"

Seine Einladung schien sie nicht zu überraschen. Er nannte ihr die Adresse seiner Ferienwohnung und beschrieb, wie sie am besten dorthin fand.

Den ganzen Nachmittag über fror er nicht mehr, auch der Regen war ihm egal. Er kaufte vier Flaschen Wein, besorgte Brot und Salat, Tomaten, eine Gurke, zwei frische Makrelen; Kartoffeln, Bohnen, Kräuter. Eine Flasche Schnaps für hinterher.

Er hatte nicht gewusst, wie gut er kochen konnte. Alles gelang ihm perfekt, die Küche war erfüllt von den Düften, die aus den Töpfen und Pfannen stiegen. Fünf Minuten vor acht machte er die erste Flasche auf und schenkte sich ein. Er wusste, dass sie pünktlich sein würde.

Um fünf nach acht füllte er sein Glas schon das zweite Mal, hatte zwanzig Minuten später das dritte geleert und um neun bereits die ganze Flasche. Er ging in der Wohnung auf und ab, sah dauernd aus dem Fenster, nahm sein Handy hervor, das noch immer ausgeschaltet war, und blätterte die leeren Seiten seines Buches durch.

Er zwang sich, ein bisschen Salat zu essen, biss in eine Kartoffel. Alles andere warf er in den Mülleimer, nachdem er die zweite Flasche Wein bis auf einen kleinen Rest getrunken hatte, und machte sich schließlich auf den Weg ins Dorf.

Es hatte aufgehört zu regnen, aber der Wind wehte noch heftiger, und es war so kalt, dass er am ganzen Körper fror, obwohl er die Röte und Alkoholwärme seiner Wangen spürte.

Es war dunkel in dem Café, und er rüttelte wie ein Idiot an der geschlossenen Tür. „Scheiße", sagte er laut und wünschte sich einen Moment lang, er hätte sein Buch dabei, um das Wort aufzuschreiben.

Er wünschte, er hätte den Schnaps eingesteckt, um ihn auf dem Deich trinken zu können. Stattdessen stieg er hinab, auf der Seeseite, und lief über die Salzwiesen in Richtung Meer. Er trat auf niedrige Sträucher, auf Steine und eine leere Bierdose. Das Rauschen des

Wassers war noch immer weit entfernt, doch es wurde lauter. Schließlich hatte er den Strand erreicht. Wenig Sand nur, weicher Boden, dann hörte er das schmatzende Geräusch des Schlicks unter seinen Füßen. Das Gehen wurde anstrengender, trotzdem erhöhte er sein Tempo und blieb irgendwann erschöpft stehen.

Er sah in die Ferne, überall war nur Dunkelheit. Aber es änderte nichts, er wusste, was er nicht sah. Am Meer war der Horizont keine Kulisse, die die Sicht versperrte, sondern tatsächlich der Rand der Welt. Die letzte Biegung, hinter der die andere Hälfte der Erde begann. Er zog seine Jacke aus, seinen Pullover und das T-Shirt, dann die Schuhe, Hose, Unterhose, und rannte los. Er ignorierte, wie sehr er fror, wusste, dass er gleich in viel größere Kälte springen, umfangen sein würde von der harten, salzigen Masse der See.

Doch gar nichts geschah. Er lief und lief, jeder Schritt ein Kraftakt, ab und zu sanken seine Füße etwas ein, als wollte der Schlick ihn zurückhalten.

Als er nicht mehr konnte, ließ er sich fallen, lag bäuchlings auf dem eisigen, schlammigen Boden. Er atmete heftig, konnte selbst nicht sagen, ob er schluchzte oder bloß frierend und erschöpft nach Sauerstoff japste.

„Scheiße", murmelte er, als er wieder sprechen konnte. „Scheiße, Scheiße, Scheiße." Er stand auf, versuchte sich zu orientieren, und ging zurück in die Richtung, in der er den Deich vermutete. Ihm war jetzt so kalt, dass er nicht mehr fror, und er setzte langsam einen Fuß vor den anderen. Kleine Schritte, von denen er keine Ahnung hatte, wohin sie ihn führten.

Als er auf Stoff trat, wusste er nicht, ob er sich gerettet oder endgültig vernichtet fühlen sollte. Er klaubte seine Sachen zusammen, ging aber nackt zurück ins Dorf und zog sich dort erst an, im Licht der einzigen Straßenlaterne, die noch brannte. Zuhause duschte er heiß, legte sich unter drei Decken ins Bett und staunte am nächsten Morgen, als er erwachte. Er hatte Kopfschmerzen, Halsschmerzen, einen schweren Druck auf der Brust. Doch er lebte.

Ich lebe – immer wieder formulierte er in Gedanken diesen simplen Satz, aber als er vor seinem Notizbuch saß, fehlten ihm die Worte. Auf dem Papier hätte es nach so viel weniger ausgesehen, als es tatsächlich war.

In das Café ging er erst nachmittags. Er hatte sich vergeblich vorgestellt, wie er die Frau zur Rede stellen, welche Fragen er ihr an den Kopf werfen könnte. Als er die Tür aufstieß und so energisch wie möglich hineinging, waren alle Tische leer. Nur die Bedienung stand hinter dem Tresen, gelangweilt, abwesend. Er setzte sich, hängte die Jacke über den Stuhl, legte sein Buch auf den Tisch und bestellte sich Kaffee und einen Schnaps. Die Bedienung brauchte lange, um ihm beides zu bringen.

Er saß stumm vor seinen Getränken und überlegte, wie lange es möglich sei, dass nichts geschah. Er kam zu keinem Ergebnis, und er wusste nicht einmal, ob er auf irgendetwas wartete. Schließlich ging er auf die Toilette, ließ sich so lange Wasser über die Hände laufen, bis er nicht mehr sagen konnte, ob es warm war oder kalt. Und als er zurückging, hörte er Veras Stimme.

Er blieb stehen, hörte auf zu atmen. Er spähte in den Gastraum, sah sie tatsächlich dort stehen. Sie wechselte ein paar Worte mit der Bedienung, sie sahen aus wie alte Bekannte, und ging dann an seinen Tisch, strich über seine Jacke, roch an dem Kragen. Dann blickte sie sich um, und er war sich sicher, dass sie gleich in Richtung Toilette gehen, ihn entdecken und entweder lauthals auslachen oder ihm ins Gesicht schlagen würde. Stattdessen setzte sie sich, schaute noch einmal in alle Richtungen und zog das Buch zu sich herüber. Ihm wurde warm, er schluckte leer.

Jetzt erst fiel ihm auf, dass sie eine neue Frisur hatte, auch ein dunkleres Blond, das ins Braun changierte. Die Jacke, die sie trug, kannte er nicht. Sie zögerte, schlug das Buch endlich auf. Er zwang sich, in seinem Versteck zu bleiben, rührte sich keinen Millimeter vom Fleck. Vera sah die erste Seite an, viel zu lang dafür, dass sie leer war, blätterte langsam um, sorgfältig oder vorsichtig, und bewegte ihre Augen über die weißen Seiten. So ging es weiter, bestimmt eine Minute lang. Ab und zu hob sie ihren Kopf, dann vertiefte sie sich wieder in das leere Buch.

Peters war froh, dass er nichts aufgeschrieben hatte, ihr seine wirren Gedanken der letzten Wochen nicht offenbarte. Dann aber begriff er schlagartig, dass sie das Buch tatsächlich las, die Lippen leicht geöffnet, die Augen immer nervöser über die leeren Seiten huschend. Zum ersten Mal seit langem schaute sie in sein Inneres.

Peters holte Luft wie jemand, der nach langer Zeit aus dem Wasser auftaucht. „Wie froh ich bin", sagte er laut, aber wie der Satz hätte weitergehen sollen, fiel ihm nicht mehr ein, als Vera ruckartig aufstand und ihm, sein Buch in den Händen, direkt in die Augen sah.

Daniel Mylow

Mein Herz ist müde

Luise Brachmann starb am 17. September 1822

Zweihundert Jahre später sitze ich in meinem winzigen Studentenzimmer an der Saale. In drei Tagen soll das Exposee für mein Promotionsvorhaben auf dem Schreibtisch von Professorin B. liegen. Thema: *Verirrungen oder die Macht der Verhältnisse: Luise Brachmann und die Ohnmacht weiblicher Subjektivität in der männlichen Literaturgeschichtsschreibung des neunzehnten und zwanzigsten Jahrhunderts*. Schon bei dem Titel überfällt mich eine mittelschwere Schreibblockade. Ich scrolle abwechselnd auf dem Display meines Smartphones und auf dem des Laptops.

Nur der Blick auf den Fluss, in dessen flüssigem grünem Licht sich manchmal der Schattenwurf einer Wolke fängt, erinnert mich weniger an mein Vorhaben als an das Leben der Brachmann. Ein Gestern, in dem ich mich hoffnungslos verstrickt habe, als wäre es mein eigenes. Ich ertappe mich dabei, wie ich in der Unibibliothek sitze oder in einem Café oder im Bus und ein Gespräch mit ihr anfange. So, als könnte ich sie fragen, und sie würde antworten. Ich weiß nicht, wann das angefangen hat. Vielleicht als meine Professorin mir geraten hat, mit dem Stein anzufangen. Das Ende ist der Anfang, hatte sie gesagt.

Im Gimritzer Gutspark fand ich einen Stein, der früher wohl einmal eine Gedenktafel trug. Das ist alles. Kein Straßenname, kein Haus, kein Ort erinnert an Luise Brachmann. Dabei war sie einmal berühmt. Die Literaturgeschichtsschreibung hatte sie ausradiert. Wie so viele andere.

Das hatte mir Professorin B. erzählt. Vielleicht in der Absicht, meinen Ehrgeiz und Forscherdrang anzustacheln. Ich muss gestehen, ich hatte noch nie zuvor von Luise Brachmann gehört.

Es ist eigenartig: Wenn du damit anfängst, dich mit einem Menschen zu beschäftigen, der vor langer Zeit gelebt hat, dann rückt er dir auf einmal ganz nah. Er wird für eine Weile ein Teil deines Lebens. Wie ein surreal dahinfließender Soundtrack in deinem Ohr. Und irgendwann kommst du an einen Punkt, an dem du Parallelen zu deinem eigenen Leben entdeckst. Und schließlich nicht mehr weißt, dass du hier in diesem Zimmer in Halle, diesem Teil der Erde gelandet bist, weil du hier erinnernd auf jemanden gewartet hast.

Wenn ich nur lange genug auf den Fluss blicke, dann wird seine Oberfläche ganz ruhig und schwarz. An den Ufern schweben Lichtrechtecke. Fast geräuschlos fließt das Wasser, einem flüsternden Ort zu. Luise muss oft hier gewesen sein, an den Ufern der Saale. Später. Später...was für ein eigenartiges Wort.

Der 9. Februar 1772 kann in Rochlitz ein Tag in den Farben des Winters gewesen sein. Oder ein Tag unter einem steingrauen Himmel, kalt und winterschwer. Vielleicht war es so kalt, dass mit dem Wind ein gläsernes Sirren über Eis und Schnee ging. Vielleicht auch so mild, dass die Sonne einen bronzefarbenen Schimmer in den Gassen hinterließ. Ich werde es niemals erfahren.

Am 9. Februar kam Luise auf die Welt. Ihre Eltern Friederike Louise und Christian Paul Brachmann mussten stolz gewesen sein. Einen Sohn hatten sie da schon. Später, wieder dieses Wort, bekam Luise noch eine Schwester. Die Mutter unterrichtete ihre Kinder als ehemalige Pfarrerstochter selbst. Der Vater war Kreissekretär und wurde, da war Luise noch klein, immer wieder versetzt, nach Döbeln und Cölleda und 1787 nach Weißenfels.

Eine merkwürdige Fügung wollte es, dass die Familie von Hardenberg mit ihren Kindern Friedrich und Sidonie im gleichen Jahr nach Weißenfels zog. Es begann eine wunderbare Freundschaft zu beiden Geschwistern. Und Luise fing an zu dichten. Sie war zwanzig, als sie ihre ersten Gedichte an Friedrich Schiller schickte, der sie in seiner Zeitschrift, den *Horen*, veröffentlichte.

Bis dahin würde ich ihr Leben als glücklich bezeichnen.

Natürlich lese ich all ihr Gedichte. Vor allem am Abend. Als würden mir meine Träume Luises Gefühle entschlüsseln.

Schöne himmlische Schwestern, schreibt sie, *Die ihr auf Aetherflügeln Schmerz und Freude/ Zu den Sterblichen bringt, und Nacht und Morgen/*

Wechselnd heraufführt/Hört, o Töchter Kronions, mich! So lang noch/ Locken der Jugend meine Stirn umkränzen,/Schwebt in ernster Gestalt vor meiner heitern/ Seele vorüber!" (An die Horen, 1799).

Ich erinnere mich nicht mehr, wann das bei mir selbst angefangen hat, dass diese freudige Unbeschwertheit, diese Lust am Leben, umschlug in eine Gewissheit, dass es nicht so bleiben würde. Luise nennt das an einer anderen Stelle in ihrem Gedicht die Sehnsucht nach ernsten Bildern. Die Angst, unterzugehen im Meer der Gefühle. Ist es nicht genau das, was ihr passieren wird?

Ich blicke auf mein Smartphone. In einer halben Stunde treffe ich mich mit einer Freundin im Café. Meine Freundinnen sind schon alle ganz genervt von Luise Brachmann. Aber sie hören geduldig zu. Und manchmal stellen sie die richtigen Fragen.

Es ist ein Septembertag im sanften Morgenglanz. Die Dinge wachsen mir entgegen wie ein Pastellstrich aus dem Halbdunkel. Ins Vergessen getaucht. Und ich soll sie wieder zum Leben erwecken. Das macht mir Angst. Seltsam, denke ich, kurz bevor ich das Café in der Innenstadt erreiche, ich habe Angst zu versagen.

Luise war 23, als sie ihren ersten Selbstmordversuch unternahm, indem sie aus dem Fenster sprang. Sie schrieb und schrieb, oft unter Pseudonymen wie „Klarfeld", „Sternheim" oder „Louise B.", doch trotz der Unterstützung durch Schiller und andere, kamen ihre Gedichte und Erzählungen höchstens in kleinen Verlagen heraus.

Aber das ist ja wieder so eine Leerstelle, denke ich: Was weiß ich schon, was sie wirklich fühlte und dachte in dem Augenblick, als sie gesprungen war, ins Nirgendwo der Luft. Vielleicht war es Liebeskummer. Vielleicht das Gefühl, nicht gehört zu werden in dieser Welt. August Wilhelm Schlegel hatte sich kurz zuvor vergebens um einen Verleger für ihre Gedichte bemüht. Novalis teilte Dorothea Schlegel daraufhin mit, dass die Brachmann plötzlich wahnsinnig geworden sei.

Eine Sprache möcht´ ich neu erfinden,
Auszudrücken all das tiefe Weh´,
Das sich regt in meines Herzens Gründen,
Wenn ich vor und wenn ich rückwärts seh
(Abschied vom Vaterlande)

Eine Sprache möcht´ich neu erfinden...wenn ich vor, und wenn ich rückwärts seh. Abrupt bleibe ich stehen. Ich hatte diese Verse schon heute Morgen beim Aufwachen im Kopf. Gestern und morgen. Wenn man sich mit dem Werk einer Autorin so intensiv beschäftigt, ist das nichts Ungewöhnliches. Ihre Verse, Versatzstücke aus ihrem Leben, geistern wie bleichsüchtige Wesen in meinem Kopf herum.

Minuten später, ich weiß nicht mehr, wie ich dahin gekommen bin, sitze ich meiner Freundin Sidonie im Café gegenüber.

„Du siehst aus, als wärst du einem Gespenst begegnet", begrüßt sie mich. Dankbar erzähle ich ihr von meinem Erlebnis gerade und dass es darauf ankäme, immer in zwei Welten zugleich zu leben. Auch wenn die eine längst vergangen wäre, so sei sie doch unaufhörlich gegenwärtig in der anderen. Nicht nur im Hallraum meiner Imagination. Sondern eher, wie bei einem überbelichteten Negativ, das, wenn man es nur lange genug betrachtet, die Scherben einer verschwundenen Wirklichkeit sichtbar werden lässt.

„Erzähl mir von deiner Luise."

Sidonie ist die einzige meiner Freundinnen, der ich noch nicht von meinem Promotionsvorhaben erzählt habe. Ich fange 1787 in Weißenfels an. Bei ihrer besten Freundin Sidonie, der Schwester von Novalis.

Die Sidonie mir gegenüber muss staunen, und dann lachen. „Echt jetzt?"

„Ja", sage ich und bin schon im Jahr 1797. Und frage sie, ob sie sich das vorstellen könne, dass der Tod auf einmal zu Gast in ihrem Leben wäre. Einfach so. Und er ginge nicht mehr.

Erst starb Sophie Kühn, Novalis` Geliebte. Dann Novalis` Bruder Erasmus. Und dann, in den kommenden vier Jahren, Novalis selbst. Ihre Freundin Sidonie. Und im Frühjahr 1805 stirbt Schiller, den sie 1803 das erste und einzige Mal, anlässlich einer Reise mit ihrem Vater, in Weimar getroffen hatte und der ihr geraten hatte, ihr Leben nicht aufzugeben. In ihrem letzten Brief an ihn hatte sie geschrieben: *Ich kann wohl sagen, dass ich an Jahren jung aber an Erfahrung der Leidenden alt bin, mein Herz ist müde von so vielen Wunden.*

Nach dem Tod ihrer Eltern ist Luise mittellos. Ihre Gönner Novalis und Schiller tot. Was macht man in einer solchen Situation?

Ich sehe Sidonie an, die mir inzwischen gebannt zuhört.

„Schreiben", sagt sie nüchtern.

Verblüfft sehe ich sie an. Anstatt chronologisch weiter zu erzählen, schildere ich ihr Luise Brachmanns ersten zehn Jahre. Von Rochlitz bis Weißenfels. Ich spreche von ihrem Leben wie von einem Flusslauf. Vom Abebben des Lichts an der Mulde. Den schimmernden Luftspiegelungen auf der Saale. Und wie das alles unaufhaltsam weiterführt in eine innere Ferne, wenn alles in Einsamkeit versinkt.

„Ja, du hast recht", sage ich. Luise Brachmann wird zur Vielschreiberin. Sie schreibt, um davon leben zu können. Gedichte. Erzählungen. Novellen. Kleine Romane. Wenn ich daran denke, welch lyrisches Talent sie besaß. Zwar erscheint ihr Name jetzt in allen großen Literaturzeitschriften und Almanachen neben all den großen Namen, aber davon leben kann sie kaum. Ständig verliebt sie sich in französische Offiziere. Hoffnungslos. Der eine ist verheiratet, der andere verlässt sie, wieder ein anderer fällt 1813 bei Leipzig:

Hell wird nun das öde Feld der Leichen;
Eines jungen Kriegers Leichnam ruht
Dicht vor ihren Fuß gestreckt, mit bleichen
Wangen, und mit Locken voll von Blut. (Helena)

Im Lazarett steckt sie sich mit Nervenfieber an. Sie beschließt, nichts mehr zu essen, damit sie sterben kann. Nicht einmal das will ihr gelingen. Gleichwohl schreibt sie weiter, auch wenn die Verleger fast nichts zahlen. Die Erzählungen, meist im Mittelalter angesiedelt, sind nicht schlecht. Aber als ich sie für meine Arbeit gelesen habe, hatte ich immer das Gefühl, dass sich da jemand verliert, dass sie nicht das schreibt, was sie eigentlich möchte.

Ich stelle mir vor, wie sie, von kleiner Gestalt, in Weißenfels in ihrer putzlosen Kleidung in ihrem Zimmer sitzt, mit ihrem aufgeflochtenen lichtbraunen Haar. Ihre sanften blauen Augen sehen auf etwas, das nur sie sehen kann.

Sidonie und ich nippen an unserem Glas Wein. „Gibt es Charakterisierungen von ihr?", fragt sie.

Meine Freundin stellt die richtigen Fragen. Ich fange an, über Dinge nachzudenken, die vorher in der Recherche und Analyse, in der Lektüre von Quellen und Sekundärliteratur unsichtbar geblieben sind.

„Ja", sage ich. Aber das ist natürlich immer sehr subjektiv. Professor Schütz fällt mir ein. Und Carolina Richter, auch eine Dichterin. Die haben in ihren Biografien über Luise geschrieben. Dass sie die Liebe, Güte und Milde selbst gewesen sei. Dass sie nicht sehr schön gewesen sei. Sich einfach gekleidet habe, schmucklos, weil ihr jede Ziererei fern lag. Sie hatte männliche Gesichtszüge. Aber was heißt das alles schon. Es gibt ein Gedicht, *Klotilde* heißt es, da hat sie sich vielleicht selbst porträtiert:

Wohl von mannichfachen Wunden
Ist mein Herz zum Tode malt
Und wo werd´ich denn gefunden,
Als an letzter Ruhestatt?
Doch auf meines Grabes Mitten
Schreibe man nach Kämpfer-Art:
Daß ich treu den Kampf gestritten
Treu und mutig ausgeharrt.

„Übersetzt heißt das nichts anderes", sage ich ein wenig altklug, „dass sie im Schreiben und im Lieben scheiterte. Immer wieder. Und ich kenne niemanden, der in so kurzer Zeit so viele Freunde verloren hat. Seume und Theodor Körner, mit denen sie bis zu deren Tod im Briefkontakt stand, habe ich da noch gar nicht erwähnt. Auch wenn sie das in dem Gedicht anders formuliert, irgendwann verlierst du vielleicht den Lebensmut und die Einsamkeit türmt sich vor dir auf wie ein Berg. *Die Traurigkeit ist wie eine unwillkommene Verwandte des Lebens, die man nicht loswerden kann, unter welchen Umständen man auch lebt*, hat Kenzaburo Oe geschrieben. Ich finde, das merkt man den Gedichten und Briefen Luises an."

Sidonie blickt auf ihr Smartphone. „Verrat mir das Ende nicht", sagt sie. „Ich würde es viel lieber in deiner Dissertation lesen", fügt sie mit einem Augenzwinkern hinzu. Dann ist sie verschwunden.

Ich bleibe noch eine Weile sitzen, bis die Stille um mich herum zu rauschen beginnt. Vielleicht, denke ich, haben sie all diese Erfahrungen auch depressiv gemacht. In den Wochen, in denen ich gar keinen Zugang zu meinem Promotionsvorhaben gefunden hatte, in denen ich nicht wusste, ob das alles überhaupt einen Sinn ergab, glaubte ich mich manchmal ähnlich zu fühlen wie Luise Brachmann.

Ich stehe auf und laufe ziellos durch die Stadt. Heute Abend muss ich dieses Exposee schreiben. Sonst war alles umsonst. Mach es einfach für Luise, sage ich mir.

Sidonie hat mich noch gefragt, warum Luise sich denn schließlich umgebracht habe. Ich hatte sie mit der Antwort vertröstet und gesagt, ich wüsste es nicht. Aber wenn ich das Exposee abgegeben hätte, dann wüsste ich es.

„Typisch Luise", hatte Sidonie lachend entgegnet.

Die Flussränder erscheinen mir an diesem Nachmittag wie weiß schimmernde Taupfade. Ich laufe und laufe. Ich möchte nicht zurück in mein Zimmer. Noch nicht. Ich setze mich auf einen Felsen am Jägerberg, oberhalb der Saale. Hier soll Luise Brachmann sich in den Fluss gestürzt haben. Wie Virgina Woolf, denke ich.

Wenn man sich exakten Vorstellungen hingibt, dann scheint in ihnen ein Stückchen Wahrheit auf. Wenn ich Text und Leben als eines denke, dann ist in der fiktiven Annäherung an eine Person immer auch so ein Augenblick, in dem die Zeit aufgehoben wird. Und dann darf ich sagen: So könnte es gewesen sein.

Luise verliebt sich 1822 ein letztes Mal. Sie lernt einen preußischen Offizier kennen. Er ist fünfundzwanzig. Sie ist fünfundvierzig. Der Offizier möchte Schauspieler in Wien werden. Mit dem wenigen Geld, das sie hat, finanziert sie ihm die Reise. Selbst Grillparzer und Schlegel können nicht helfen. Der Offizier wird am Theater nicht angenommen. Luise bekommt bald darauf einen Brief, in dem der junge Mann ihre Verlobung auflöst. Sie spricht mit niemandem darüber. Anfang September reist sie nach Halle, zu ihrer Freundin Henriette, der Frau von Professor Schütz, in dessen Haus sie wohnt.

Sie lebt zurückgezogen, einsam, schwermütig. Am Saaleufer wird sie am 9. September nachts aufgegriffen. Offenbar wollte sie sich ertränken. Man hält sie für wahnsinnig und nimmt sie in Polizeigewahrsam. Erst als sie Professor Schütz einen Brief schreibt, kommt sie frei.

Ihre Familie möchte, dass sie nach Weißenfels zurückkehrt. Dort, wo sie einmal glücklich war. Vielleicht liegt es auch an ihrer Umgebung, denkt man, und sucht ihr ein neues Zuhause. Diesmal bei Professor Schilling. Nicht zufällig, denn dort wohnt zurzeit auch eine Frau von Wille, eine alte Freundin Luises.

Mit ihr und der Familie Schilling macht sie am Abend des 17. September noch einen Spaziergang auf den Jägerberg und zurück. Sie wohnt zusammen mit ihrer Freundin. Die beiden kehren in ihr Zimmer zurück. Die Freundin verlässt dieses noch einmal für eine gute halbe Stunde. Als sie zurückkehrt, ist Luise verschwunden. Die Familie sucht sie überall. Man ist bestürzt.

Es vergehen acht Tage. Spaziergänger finden am 24. September gegen acht Uhr abends eine Frauenleiche. Am linken Arm hängt ein

Ziegelstein. Die lange, starke Schnur ist mehrfach um den Stein, um ihren Arm und über die Brust hin um den Hals gewickelt. Nur anhand ihrer Kleidung erkennt man, dass es sich um Luise Brachmann handeln muss. Ihre Leiche fand man unterhalb der Steinmühle, neben der Ziegelhütte, aus der sie sich vermutlich auch den Stein besorgt hatte. Man rekonstruierte, dass sie sich von der kleinen Brücke, die dort über einen Arm der Saale führt, gestürzt haben musste, diesmal von allen unbemerkt. Sie wird, in aller Stille, auf dem Friedhof von Halle beerdigt. Nur ein Grabhügel weist auf ihr Grab hin. Keine Grabplatte, kein Stein.

Ich bin allein am öden Ziele,
Die Sterne schauen kalt herab,
Der Nachtgefährten hab´ich viele,
Doch alle schweigen wie das Grab,

schreibe ich in meine Kladde. Ihre Verse haben sich in mein Gedächtnis gezeichnet. Da hätte ich es wissen können: Dass ich längst begonnen hatte, über Luise Brachmann zu schreiben. Ihre Verse sind immer da. In der weißen Helligkeit des Tages. In der tiefgründigen Bläue des Nachthimmels. Sie sind gläsern und brüchig. Manchmal erscheinen sie mir wie flüchtige Traumfetzen. Ein anderes Mal kann ich sie hören in der Silhouette einer Wolke. In den violetten Pappelschatten über der Saale. Im Zwiegespräch zwischen Wasser und Stein. Sie sind überall.

Andreas Andrej Peters

KRIEG & FRIEDEN

DEMONSTRATIONEN IN MOSKAU

I

KRIEG & FRIEDEN von leo tolstoi bei der demo in moskau gezeigt. 2 demonen führten den roman ab. hinter die bibliothek.

II

Ich habe bibeln brennen gesehen

in der sowjetunion & dachte:

der himmel ist

so etwas wie eine

bibliothek

mit einer hohen leiter

bis zur decke;

die hölle –

bücherverbrennung.

KRIEGSERKLÄRUNG

Der Krieg wird nicht mehr erklärt, sondern fortgesetzt.

        Ingeborg Bachmann (Alle Tage)

russland
           erklärte
der ukraine
           den krieg
die ukrainer
           glaubten es nicht
die russen
           erklärten
den ukrainern
           den krieg
ukraine
    sprach von provokationen
russland
           erklärte
ukraine

                        den krieg

                  somit blieb

russland

      der ukraine

                  keine

                  erklärung

                  mehr

                  schuldig

                        nach

                              dem

                                    krieg

                  oder?

MUTTER COURAGE

Hier sind sonnenblumensamen, soldat, steck sie dir in deine hosentaschen. wenn du getötet wirst nahe der krim, wachsen sonnenblumen daraus für kriegs- & nachkriegskinder in einem fremden land unter demselben himmel.

Hier sind birkenkerne, söldner, leg sie in deine linke brusttasche. wenn du gepflanzt bist in einem massengrab, wächst die bircha darüber & spendet schatten einer krone, ausladenden ästen & der gescheckten schmerzrinde.

WEHKLAGEN

wenn ein mensch sich nicht selbst findet, wird
er von seinem stamm ausgestoßen.

(alte chinesische weisheit)

großvater abram zeugte peter, meinen vater,
peter zeugte andrej, also mich. wenn männer
geburtswehen hätten, sagst du, gäbe es keinen
krieg mehr. eine hochschwangere frau auf der
treppe. schutt, scherben der geburtsklinik in
mariupol. im gepunkteten jogginganzug. im
brustbereich ein teddybär aufgenäht. blut im
gesicht. andere schwangere auf der trage durch
die trümmer. das ungeborene überlebte nicht.
die mutter starb wenig später. mein nabel ist
hier begraben, sagst du, nicht nur die plazenta.
fesselt die himmel, ich bitte sie, vor raketen &
helicoptern. nur fluchtkorridore & geburtskanäle
lasst offen richtung venus & morgenröte. die
kleine *mia* ist im luftschutzbunker geboren. in

kiew. man schöpfte hoffnung am dnepr, der donau,

dnister & desna, mit einem flügel, schwarzes

meer & weichsel, wie nadeschda mandelstam

& ossip auf der halbinsel krim. es ist mein land.

mein land, verstehen Sie, sagst du, mein nabel

ist hier begraben & keiner kann mir einen bären

aufbinden, auch nicht einen russischen, *mama mia!*

NOCH SO EIN SIEG, & WIR SIND VERLOREN,
SAGT KINEAS

was hast du nach deinen nächsten eroberungen vor, könig pyrrhus?, fragte kineas lästig. ich werde italien unterwerfen, samt rom & benevento & asculum. & die ganze welt daraufhin mir gefügig machen & untertänig. dann die ruhe genießen so ca. 100 jahre.

was hast du nach deiner militärischen operation vor, fürst wladimir? ich werde die ganze ukraine sterilisieren & desinfizieren & entkultivieren, ihr die fresse polieren in kiew & odessa & charkiw, dann mich auf einer datscha zur ruhe setzen so gegen 1000 jahre.

nichts tun & das leben genießen, das kannst du auch schon jetzt, ganz ohne krieg, entschuldigung „militärische operation", könig pyrrhus. kineas sag es peskow, dem kremlsprecher, sagt es der duma: noch so ein sieg & wir sind verloren samt unsren baseballschlägern & hyperschallraketen.

FÜR VIKTOR UND OKSANA, DIE ENGEL (DER UKRAINE)

Können engel auf minen treten? ja,

sie treten in diese todesfallen. können

engel auf minen tanzen? ja, sie tanzen auf

minen wie auf dem vesuv. können engel ohne

füße tanzen? ja, sie tanzen ohne füße, der eine

engel trägt den anderen engel auf händen, flügel darüber &

sie tanzen: viktor trägt oksana aus luhansk & sie heiraten auf

der terrakottaerde & tanzen auf dem vulkan, denn im

himmel wird nicht geheiratet, in der auferstehung, wie

auch die engel, im himmel wird getanzt mit & ohne füße

auf dem gläsernen meer, auf der hochzeit vom löwen *ariel* mit

dem *lamm* aus juda.

BUTSCHA, DIE JABLUNSKA STRAßE

Für Mychailo Romanjuk †

Jablunska straße. *fahre ich weiter, komme ich auf mlechnyy put*,* sang mychailo oder myschka**,

der mann auf dem fahrrad & olexander, sein freund,

unterwegs, den verletzten vater in irpin zu besuchen.

500 meter vorm krankenhaus fielen die schüsse.

28 tage blieb myschkas leiche auf dem bürgersteig

liegen, unter dem fahrrad. die räder drehten sich von

selbst am anfang, dann verging ihnen die lust oder

der rauch/geruch fiel in die speichen. das fahrrad

wollte nicht richtung milchstraße fahren ohne myschka,

dem mann auf dem fahrrad. er hat es geliebt zu

singen beim fahrradfahren, & ja, manchmal fuhr er

schlangenlinien von jablunska straße auf die

jaremtschuka straße, & ja, gerne trank er mal einen

über den durst nach milch, dem apfelwein & nach

dem polarstern, des kleinen bären melancholie.

*Russ. Milchstraße

**Russ. Kleiner Bär

BITTE AN EINE MATUSCHKA

Russische Matuschka, dein Sohn friert im Kühlzug

auf einer Bahn/Station in der Ukraine. Mütterchen,

nenne dem Lokcmotivführer des Todes/Zuges die

Hausadresse: Tscheljabinsk, Chaussee der Metallurgen, Nr. ...

Der zum besten Bahnhof Russlands gekürte Bahnhof

transportiert den Passagier bis vor die Haustür. Matj,

hol deinen Sohn, den verlorenen Sohn nach Hause

(Ukraine ist nicht sein Zuhause!). Decke das Kind zart

mit einer Decke aus *Neschnostj** & ziehe ihm Socken

drüber, aus Sonnenstrahlen gestrickt. Ziehe ihm die

Hermelinmütze an, seine Gedanken sind kalt geworden.

Mutterherz, reagiere auf das Angebot, deinen Sohn

heimzuholen, zu bestatten; dein Russland reagiert

nicht, identifiziere dein Kind, meinetwegen exhumiere es,

denn Russland hat seinen Namen vergessen. Beerdige

den Jungen in der Muttererde, sogenanntem *Vaterland*,

Russland lässt die Leichen auf dem Schlachtfeld

liegen. Mama, zünde kein Ewiges Feuer für einen

Helden, zünde eine Kerze an & schlage ein Kreuz &

stelle das Wachs in das Kinderzimmer. *Auf Panzer-*

friedhöfen stellt man keine Kreuze auf, hat schon

Wladimir Wisozkij gesungen, der geliebte Barde &

Chansonnier deines Sohnes & seiner Kumpanen.

WINNYZJA

wie heißt du, fragte die rakete ein
vierjähriges mädchen, unterwegs mit
dem kinderwagen und der mama.
wo wohnst du, fragte die rakete das
down-syndrom kind. *winnyzja*, sagte
das mädchen & ich wohne zu hause.
was für ein schöner name, sagte die
rakete. das „haus der offiziere", sagte
die mutter, ist unser zweites zuhause,
es ist ein konzertsaal, wo man singt & tanzt.
die rakete hörte die letzten silben nicht,
sie war zu schnell für worte, sie hatte das
militärische objekt im auge. die mutter konnte
nicht auf einem bein tanzen & ein chromosom
fehlte ihr seitdem in winnyzja, einer stadt,
mit einem schönen mädchennamen.

FLINTE IM KORN*,

wie geht es dir? deinem lauf,
deiner bleikugel?
dem verzagten am kreuzwegstein?
das weizenkorn ist mir über den
kopf gewachsen,
sagst du, gott sei dank.
ich dachte, es ist tot, das korn,
wie es so da lag unter der erde,
aber
dann, wie von selbst, brachte die scholle frucht,
zuerst den halm,
danach die ähre,
alsdann das korn in aller ehre.
es kamen die mähdrescher.
die erntezeit war angebrochen.
so stand ich da,
nackt
&

bloß unter der sichel,
versuchte mein visierkorn unter der
erde zu begraben.
ein ernteschnitter wand Mohn und Ähren zag
& zart um lauf, hahn & kolben.
„seht den mond groß im osten …",
rief er.
ein schuß löste sich.

*Nach Christian Morgenstern, Palmström.

Roland Schulz

Der Kleine Hauch

Geboren wurde der kleine Lufthauch irgendwo in der großen Wüste Afrikas. Irgendwann. Niemand, der Buch geführt hätte. Verwirbeltes Kind rasender Luftikusse.

Just im Augenblick seiner Ankunft rollte Donner über weiten Sand, ließ den Kleinen Hauch beben vor Angst.

Woher sollte er es wissen? Dieses Grollen, der übliche Startschuss eines Fülle spendenden Wüstengewitters. Dieser furchtbare Knall, allein gesandt, alles Leben zu wecken, sich vorzubereiten. Keiner, der es dem Hauch sagen, ihn bergen, trösten wollte.

Blicke aus weiten Pupillen, gehetzt, geschmiegt an windgekanteten Sand, zuletzt in den lückigen Schatten eines Buschzwerges getaucht. Gewittergeboren – verloren im Busch.

Wo Angst herrscht, bleibt sie selten allein. Ruft Geschwister aus dem Finstern. Zuerst die Angst vor dem heißen Wüstenlicht. Danach Furcht vor klammen Eisnächten, vor rot, gelb, manchmal blau funkelnden Sternen, fahlem Silbermond. Alle fanden sie Unterschlupf im Kleinen Hauch.

Vor allem aber die klaren Vollmondnächte. Kaum zu atmen wagte er unter seinem schütteren Busch, durfte keinesfalls von einem der bedächtig tastenden Strahlen entdeckt, von kalten Fingern befühlt, verraten werden. Bis zögerndes Zwielicht den Hauch erlöste. Flüchtiger Raum zwischen Mond und Sonne.

Seine größte Angst aber galt allem Leben. Menschen, die ab und an in müden Karawanen durch das Sandmeer schaukelten, um flirrend hinter der nächsten Düne zu vergehen. Seine Furcht vor Kamelen,

Hunden, ja sogar dem kleinen Wüstenfuchs, der ihn eines Nachts im Mondlicht angesprochen hatte. „Warum zitterst Du?", fragte er mit den viel zu groß gewachsenen Ohren über freundlich runden Augen.

Schweigen. Noch enger presste sich Hauch in seinen gleichgültigen Dornbusch. Ein letzter fragender Blick, Kopfschütteln und pflichtbewusst war der Fuchs weiter getrottet: Futter finden musste er, trinken. So lautet sein immer gleiches Nachtgesetz. Keine Zeit hatte er zu verschwenden.

Am liebsten wäre der Kleine Hauch aufgesprungen, mit dem Fuchs geflogen. Einfach so. Ein Stück weit wenigstens, raus aus seinem Verlies. Schon wollte er eine Hand vom Stamm lösen, seinen Ruf dem Fuchs hinterherwerfen, schon schwoll in seiner Kehle: „Halt, Fuchs, Halt! Ich komme, begleite Dich ein Stück, so warte doch ..."

Hatte sich losgerissen, stand im fahlen Mondlicht, erstarrte und nein, Nein, NEIN. So sehr er sich auch mühte. Angst hielt ihn lächelnd im Griff, würgte mit unsichtbaren Krallen, raubte jede Luft; Mondlicht tastete, trieb ihn zurück, in seine Deckung, sein Grab. Ein Schulterblick vom Fuchs, dann war alles wie zuvor.

Verloren dämmerte Kleiner Hauch durch sein Leben. Hoffnung an Aufbruch war mit dem Fuchs ein nächstes Mal im kalten Sand erfroren. Hauch sah, wie Sonne Mond ablöste, sah, wie alles Leben unter Hitze dürstete, sich am flirrenden Tag gleich ihm verbarg, um ein Stück Schatten flehte, sah, wie Silbermond die funkelnde Schwärze niederrang.

Im Arm hielt ihn Angst, schlug ihm den Takt. Selten, dass er eine Mütze Schlaf bekam. Jedes stumme Geräusch, der kleinste Schatten eines Geiers vom wüstenklaren Himmel, das Knistern eines vorüber wehenden Blattes – von irgendwo –, ja selbst das Hüpfen einer

Springmaus, kängurugleich über glühenden Sand federnd, katapultierte Hauch aus seinem gespannten Dämmer.

Einzelne Wolken schieben wie Eisberge durch Himmelblau. Zackenlos weiß, die Kanten von Wüstensonne geschmolzen, gebrochen, rund. Verbünden sich, erst wenige, einige, irgendwann mehr, viele, verschmelzen zur grauen, undurchdringlichen Packeisdecke, die Wüstenhimmel einfrieren will.

Dann beginnt es, wie es immer beginnt, am Anfang steht der Donnerschlag. Eisige Tropfen trommeln in glühenden Sand, bringen ihn zum Dampfen, springen entsetzt zurück, perlen, versickern in düstere Gefilde, vereinigen sich in Rinnsalen, Bächen, werfen sich zu schäumenden Fluten, werden zum Pack, jagen als hungriger Strom durch wilden Sand.

Den ganzen Tag, bis tief in die Nacht, prasselt Packeis. Nie zuvor gesehenes, schwebendes Weiß entdeckt Kleiner Hauch im fallenden Grau.

Er hatte Angst. Was sonst! Da kannte er sich aus, war Meister. Doch heute bekam die Angst Gesellschaft. Hauch verspürte eine seltsame Lust am Regen, an diesem raren Element. Ja, selbst als glühende Blitze in den Sand zuckten und Donnerschläge die Sandwelt durchrüttelten, pulsierte gleich neben Angst etwas wie, er zögerte, suchte Worte, konnte lange keine finden, bis er Erwartung fühlte. Erwartung?

Hauchs ewig verkniffene Züge verloren sich. Das erste Mal. Braune Augen glatt. Er löste sich Zentimeter von seinem Dornenhalt, dann rasch zurück, ein nächstes Mal, ein Stück weiter, als ihn Donner in die entfesselte Regenwucht schleuderte. Fühlte Kraft, Gemeinschaft, Übermut. Vielleicht, das konnte im Regensturm, der grell zuckenden

Nacht niemand sehen, vielleicht wirbelte Hauch sogar mit den Tropfen. Glück, Glück, so muss sich Glück anfühlen, juchzte irrwischender Hauch.

Dann hatte sich das Wetter verlaufen. Schwindende Restpfützen in Bachbetten, Fluss- und Stromtälern begannen ihr Vergessen. Abschied allenthalben. Zwei, drei Stunden, vielleicht. Dann würde der endlose Westwind die letzte Spur getilgt haben. Es würde sein, wie es immer war, nach Wüstenregen. So, als ob die himmlisch graue Packeisdecke nie gewesen wäre. Flimmernde Fata Morgana, versickert im Wüsten-Einmaleins.

Hauch hatte sich ausgetanzt, war zurück unter seinen Busch gekrochen. Schlief sorgenfrei, als ihn erste Sonnenstrahlen trafen. Aus einem Traum weckten, in dem er rasend übers Land gezogen, gemeinsam mit seltsamen Wesen durch Lüfte getobt, durch nie gesehene Welten gerast war.

Gerade jetzt, im ungestümen Traumtoben erwacht, schien er übergangslos im nächsten Traum gelandet. Rieb sich braune Augen, einmal, zweimal, wollte dem Bild nicht trauen, das ihm schüchterner Morgendämmer bot. War er beim wilden Tanz mit den Packeistropfen ausgerutscht, auf den Kopf gefallen? Hauch schloss ungläubig die Augen, einmal, zweimal, dreimal. Selbst, als das Bild hinter seinen Lidern verschwunden war, konnte er es riechen, hören, fühlen.

Sah, wie die kläglichen Lederblätter des Dornbusches eilig anschwollen. Fühlte, wie direkt an den Astspitzen der Büsche elfenbeinfarbene Blütenknospen zum Licht drängten. Sein Blick musste losausen, von Farbklecks zu Farbklecks im endlos wehenden Blütenmeer. Ein Wüstenspektakel in Summen gehüllt. Wildbienen, Hummeln, Schwebfliegen, Käfer, Wespen, Nektarvögel sogar. Diese leuchtende Fülle süßer und herber Gerüche zu einem gewaltigen Großen verwoben.

Unzählige Himmelsboten, von denen Hauch nicht einmal ahnte, woher, wie lange, wohin. Pollen und Honig sammeln, den Blüten pausenlos Danklieder summend, Höhlen graben, vor jedem Ausflug neu verschließen, rastlos Vorräte anhäufen, erneut landen, den Vorhang aus Sand zur Seite schaufeln, im Nichts verschwinden, Minuten später befreit von süßer Last, auftauchen, Eingang verschließen, weiter, von vorn, verweile, verweile, hastiger Nektarrausch.

Sehnsucht keimte im Hauch. Er fühlte seinen gestrigen Regentanz, rief Traumbilder hervor, es drängte ihn, mitzufliegen, an Blüten zu riechen, Pollen zu sammeln und … . Ja, er konnte. Losrennen, losrennen, losrennen, aus dem Schatten des Busches, sich in die Lüfte werfen, und … Doch wohin er sich auch wandte, sie war schon da. Stand vor ihm, lächelnd, die überwunden Geglaubte, packte ihn mit kalten Krallen, warf ihn zurück, in seine alte Angst.

Jede Faser schmerzte vom groben Aufprall. Sollte sie ihn erneut versklavt haben? Endgültig? Dieses Mal nicht. Kleiner Hauch lehnte sich auf, rannte ein nächstes Mal los, die Augen geschlossen, Arme weit ausgebreitet, wollte fliegen, frei sein, frei. Hob ab, flog ein Stück, die Spur eines Lächelns im Angstfaltengesicht, raste schneller, knapp über dem Sand, dann steil nach oben, Richtung Himmel, schlug Kapriolen, bemerkte Windgeister um sich, bestaunte sie, wollte mit ihnen gemeinsam weiter jagen, als direkt neben ihm eine feuerzüngelnde Staubhexe wirbelte, die Luft verbrannte, Asche auf weite Blütenwüste rieseln ließ. Mit ihr stürzte Hauch.

Die Furcht, siegessicher, kroch zurück in ihr zerschmettertes Zuhause. Ließ sich Zeit, nistete sich neu ein, war sich sicher. Erwacht bemerkte Hauch zum ersten Mal, wie der schwarzborkige Stamm an seinem Fuß hellbraun geschliffen, glatt wie eine Schlange schimmerte. Von unzähligen angstgetriebenen Umarmungen.

Die Wüste lebte weiter ihren verdurstenden Traum. Sieben, acht, vielleicht neun Tage lang beobachtete vom Himmel gefallener Hauch das Blütenmeer, den vielstimmigen Flug von Insekten und Vögeln. All das Treiben nun bar jeden Zaubers. Umarmte seinen glatten Stamm. Ein für alle Mal.

Alles wurde wie immer. Das Regengeschenk längst knisternd braun. Kleiner Hauch, verloren im Busch. Einmal wurde er in den kommenden Tagen von einer durchziehenden Hyäne, ein anderes Mal von einem türkisgrün schillernden Vogel, der auf seinem Dornbusch innehielt, gefragt, was er denn für ein seltsames Wesen sei. Ohne Antwort, tiefer noch in den Schatten.

Eine gelbe Eidechse sah ihm, vorbeihuschend, ins Gesicht und murmelte, schon halb im Sand vergraben, ärgerlich: „Deinesgleichen kenne ich. Aber nicht ängstlich, schon gar nicht auf dem Boden! Du hast hier bei uns nichts verloren. Mach Dich weg!"

Jahre schleppten Gleichklang übers Land. Der Strauch wuchs nicht, blühte kaum, rare Regenfeste, kam mühsam über die Zeit. Als ob die Ängste des Hauchs selbst zähem Dornstrauch letzte Lebensfreude geraubt hätten.

Verlorener Hauch hatte sich eingerichtet. Fürchtete glühenden Wüstenwind, hart prasselnden Gewitterguss, eisige Nacht ... War der brüchigen Hoffnung überdrüssig, hatte sie abgelegt, sich eingefunden.

Es war ein Tag wie jeder, in praller Sonnenglut, als schlurfende Schritte im Buschschatten Schutz erhofften. Eine Frau, in müder Eile. Fiel erschöpft in Sand, suchte Atem im dornigen Schatten. Schloss die Augen, wurde ruhig, zuckte zusammen vor Angst, abgrundtief, die hier zu Hause war.

Die Furchtlose aber rappelte sich auf, blickte sich um, hatte irgendwann durchsichtigen Hauch am Stamm entdeckt, verweilte in braunen Augen. Warme Augen legten sich stumm in seine - zum ersten Mal in seinem Leben ahnte Hauch Vertrauen.

„Wovor hast Du Angst?" Schweigen. Ihre müden Augen wurden noch kleiner. Sie musste schlafen, eine halbe Stunde nur, die notwendige Kraft fürs Weitergehen schöpfen. Eine halbe Stunde nur, die sie brauchte, um ihr Werk zu Ende zu bringen.

Doch sie richtet sich auf, lehnt sich an den Stamm, beginnt leise murmelnd ihre Geschichte.

„Vier Tage bin ich durch die Wüste gelaufen, vier Tage dauert der Weg zurück zu meinem Dorf. Heute, im Morgengrauen, als ich selbst kaum noch darauf zu hoffen wagte, fand ich verborgen unter Sand die verwelkten Blätter der Zauberwurzel. Fast gestolpert wäre ich über sie", staunt sie kopfschüttelnd über ihre Begegnung.

Während die dürstende Stimme der Frau berichtet, löst sich Kleiner Hauch ersten Millimeter vom Stamm.

„Ich habe mich auf den Boden gekniet, der Wurzel vorgestellt und um ein Weniges ihrer Heilkraft gebeten. Ein Glück, dass mir die alten Worte einfielen, mit denen ich um ihren Segen bitten konnte: «Zauberwurzel im heißen Wüstensand, ich grüße Dich, besungen im ganzen Land und bitte um ein Stück Deines Wurzelsegens für den kleinen Jungen, der mit dem Tode ringt, nur Du kannst ihn im Leben halten, mit Deinem Segen bittere Sorgen falten».

Wieder und wieder sang ich das Wurzellied. Nur Deine Heilkräfte können Kito, den kleinen Jungen, retten. Große Eile ist geboten."

Eine Windhexe hatte Kito mit dem Todesfluch belegt. Dabei hatte er ihr nur nachgerufen, sie solle dem Regenmann seinen Gruß ausrichten. Kito war ein Freund des Regenmannes, und immer, wenn eine Dürre sein Land heimsuchte, rief er ihn. Tagelang manchmal, ein ums andere Mal, unermüdlich, heiser, bis dieser, meist unwillig brummend, „Wer ruft mich da?", am Himmel auftauchte. Dann unterhielten sie sich, Regenmann hatte Neuigkeiten aus der großen Welt, der Junge aus seinem Herzen.

Woher hätte er wissen sollen, dass ausgerechnet diese Windhexe, der er seinen Gruß aufgetragen hatte, dem Regenmann todfeind war. Wegen einer uralten Geschichte, die längst zermahlen im Wüstensand ruhte. Einzig die Windhexe hatte sich ihr Stück davon bewahrt.

Der Kleine Hauch saß nun direkt vor der Frau, seine großen Augen gebannt an ihren Lippen. Er fieberte mit Kito. Konnte es der Kräuterfrau gelingen, ihm rechtzeitig die rettende Zauberwurzel zu bringen?

Er fühlte sich zu Kito hingezogen und ein seltsames, nie gekanntes Gefühl keimte in ihm, wuchs, wurde mächtig. Der Wunsch, Kito kennenzulernen, vielleicht sogar zum Freund zu gewinnen. Freund, ob er überhaupt wusste, was das war? Jedenfalls spürte er es. Ganz am Grund, wohlig warm.

„Zehn Tage waren übers Land gezogen", fuhr die Kräuterfrau fort, „da hatte der Fluch Kito ausgezehrt. Er würde sterben." „Allein Dein Gegenzauber, geehrte Wurzel, kann Kito retten." „Deshalb musste ich alte Frau mich auf meinen Weg begeben."

Gebannt lauschte Hauch. Jetzt war der letzte Funke Furcht aus seinen verkniffenen Gesichtszügen verschwunden. Ein energischer Zug um seinen Mund, über die Backenknochen, braune Augen wie Halbmonde.

Die Kräuterfrau fuhr fort mit ihrem Bericht, im immer gleichen murmelnden Singsang. Den erschöpften Oberkörper weit nach vorne gebeugt. Ihr Blick aus halb geöffneten Augen auf Sand geheftet. Die Wurzel schien zu atmen, pulsierte im langsamen Takt, schwoll an, um danach wieder an Volumen zu verlieren. Ein und aus, ein und aus, ein, aus ...

Endlich vernahm sie die klare dunkle Stimme der Wurzel, die Einverständnis übermittelte. Es war, als ob sie direkt ins Herz sprach: „Nimm, mit Bedacht, bring Licht in das Leben, nimm, mit Bedacht, nimm und mach Dich auf, es sei dir gegeben." Die Wurzel schenkte Kito ihren Segen.

„Wie von selbst lag der alte Grabstock in meiner Hand. Der knorrige, vom vielen Graben glatt geschliffene Ast befreite behutsam die Wurzel vom Sand. Kannte deren Verletzlichkeit. Äußerst sorgfältig und immer gerade weit genug von der Herzwurzel, um möglichst viele der feinen und feinsten Würzelchen unversehrt zu lassen. Endlich ein behutsames Rütteln, fließender Sand, die Hand am Wurzelschopf und Millimeter für Millimeter hob sich die Wurzel aus dem Boden. Widerwillig, so schien es mir, verließ sie ihr Reich. Barg sie in meinem Schatten.

Mein Messer aus scharfem Stein schnitt eine Kerbe aus ihr. Unablässig summte ich im Tun das Wurzellied, bettete sie zurück in den Sand, wünschte ihr baldigen Regen, kräftige Blätter, fruchtbare Blüten, gesunde Kinder. Teilte mein kostbares Wasser mit ihr.

Der Rückweg vor mir. Kein leichtes Unterfangen für eine alt gewordene Kräuterfrau. Längst hatten verlässliche Westwinde meine Spuren im Sand verweht. Der unbestechliche Wegweiser am Himmel musste mich leiten. Keine Angst, in die Irre zu gehen. Der Weg so weit. Nicht die kleinste Kleinigkeit durfte misslingen.

Noch hatte ich meinen leidlich gefüllten Wasserschlauch auf dem Rücken, noch war ich klar bei Sinnen. Ein klein wenig ausruhen nur, der erbarmungslosen Mittagshitze ein paar Stunden stehlen. Unter diesem Dornbusch. Und hier finde ich Dich!"

Kleiner Hauch hatte sich im Lauf der Erzählung federleicht an das rechte Bein der Heilkundigen geschmiegt. Ihre Blicke trafen sich, Augen lächelten, er sah, wie keimende Angst die Züge der Frau schnitten. Wie ein Wüstensturm, der am Horizont die Dünen fegt, Schleier über Sonnenlicht türmt. Schleier, minütlich dichter, heranrasend, das Inferno schreiend umhüllend. Angst kannte er ja, Hauch war Meister der Angst.

Frau sprach: „Ich muss aufbrechen, mein Leben hier in der sengenden Hitze und das Leben Kitos hängen am seidenen Faden." Nach einer kleinen Pause: „Ich bin dankbar, dass wir uns begegnet sind."

Noch einen Augenblick blieb sie, allerletzte Worte. „Ich mag Worte nicht mehr, Worte allein sehen nicht auf den Grund. Und doch frage ich Dich nun. Ein einzelner Windhauch wird 250 Menschenjahre sehen und wenn es hochkommt 300. Du bist jung, und ich habe Dich voller Furcht gefunden. Sprich, was fürchtest Du?"

Stille, nichts. „Nur wenn Du anderen begegnest, Dich öffnest, kannst Du Dich finden." Und ernst, mit den letzten Worten wird ihr Mund breit, glänzen Augen aus verbranntem Glas: „Ich sehe Dich. Du wirst ein wildes Leben führen."

Hauch spürte, dass die Mittagsglut kaum gebrochen war und sprach, selbst überrascht, erste Worte. Rau, hell, brüchig, ungeübt: „Ich begleite Dich, ein Stück." Und: „So weit ich kann." Frau nickt, rappelt sich stöhnend auf und geht den ersten Schritt, den nächsten, den immer nächsten...

Kein einziger Blick zurück, konzentriert auf ihrem Weg. Jedes Mal, wenn Hauch sah, dass die Schritte der alten Frau kürzer wurden, wenn sie stolperte, straucheln wollte, sauste er in engen Windungen um ihren Kopf, ihre Arme, kühlte sie mit seinem Luftzug. Jedes Mal erntete er ein dankbares Lächeln. Jedes Mal flüsterte der kühlende Hauch: „Du brauchst keine Angst zu haben. Ich bringe Dich ans Ziel."

Als sie am Abend des vierten gemeinsamen Tages in der Ferne das Dorf sahen, in dem der kleine Kito mit dem Tode rang, hing der Wasserschlauch trocken, verschrumpelt wie eine vorjährige Feige. Jetzt wusste Hauch, dass sie es schaffen würden.

Er hatte seine Aufgabe angenommen, erfüllt. Hier war kein Platz mehr für ihn, nicht einmal bei Kito. Die Frau, ihre Wurzel, würden Kito retten. Der kleine Hauch musste weiter, eine innere Stimme trieb ihn an. Nur wohin? Egal, in seinem Herzen hatte er einen Freund gewonnen. Zwei, die Heilerin dazu!

So verabschiedete sich Erstaunter Hauch, kühlte mit wilden Luftwirbeln ein letztes Mal seine Begleiterin, flog zurück zum Dornbusch. Wer trieb ihn zurück an diesen trostlosen Ort? In sein Gefängnis. In dem er geboren, sein kümmerliches Leben angstvoll gefristet hatte. Das notdürftig Deckung bot. Der Ort, von dem ihn die Kräuterkundige befreit hatte, mit ihrer Güte, ihrer Not. Hauch wusste nicht, was ihn leitete. Doch er kannte keinen anderen Platz.

Im nächsten Morgengrauen. Windhauch spürte noch den gleißenden Blick der Kräuterfrau in seinen Augen. Er hatte ein zweites Mal geträumt von hohen Wogen, peitschenden Bäumen, von weißer Gischt, wogenden Feldern. Von jauchzenden Höhen, klammen Tälern, in denen er mit den Felsen heulte und von schneebedeckten Bergspitzen, die er frostklirrend in wilde Lieder hüllte.

Es war im ersten Morgengrauen. Die Schattengeister noch kräftig, kein Sonnenstrahl hatte den Wüstensand erreicht, als Hauch erwachte. Von einem Wispern und Wirbeln, von Lichtfunkeln und Windstößen, die um den Busch jagten. Dann sah er sie.

Vier kleine Windgeister, etwas größer nur als er, wenn überhaupt. Still nebeneinander, schwerelos in der Luft. Schon war er aufgesprungen, hatte ihre Hände ergriffen, war in ihrer Mitte, verschmolzen zu einem gemeinsamen Windgeist und, wo sie auftauchten, lachten im Schlepptau lose Windsbräute.

Sturmhauch immer voran. Weg waren sie, himmelhochjauchzend, trieben die weiß gischtenden Meereswogen vor sich her, tobten über Berggipfeln, musizierten rasend zwischen Felsen in weglosen Schluchten, brachten die Kronen mächtiger Bäume so ins Schwanken, dass selbst sturmerprobte Baumriesen rauschendes Lachen brummten.

Verflogen die verfluchte Angst, auf ewig verflogen. Mit immer mehr Windgeistern und ständig neuen verschmolz er, nun, endlich angenommen. Sang das uralte Sturmlied der Erde, vielstimmig im Windgeisterchor, trieb graue Packeisdecken über den Himmel, zuckte glühend mit Blitzen um die Wette, bestürmte die ganze Welt.

Einmal nur, ein einziges Mal, kehrte er zurück. In seine Wüste. In der er sich so viele Jahre unter dem Dornbusch gequält hatte. Hielt kurz inne, alles schien unverändert. Dann sah er, dass der Busch mit dem glänzenden Stamm kräftig grünte, erlöst, Blüten trieb.

Weiter jagte er, wie suchend über Dörfer, endlich das Dorf der Kräuterfrau. Da stand sie, einen Jüngling neben sich. Inmitten ihres summenden Gartens. Hauch strahlte in ihren Augen, wehte einmal, zweimal, ein letztes Mal kühlend um ihren Kopf, koste ihre Arme, strich übermütig durch ihr Haar und von den weit offenen Lippen der Kräuterfrau flog ihr Gruß mit ihm.

Rolf Karl Siegmann

Milch der Träume

Kaum zwei Meter Sicht. Nebel im Frühling. Wolken bewegen sich auf mich zu. Umzingeln mich. Ohne Richtung. Barrieren. Dahinter die Sonne. Unerreichbar. Frische Luft. Freier Blick. Weggesperrt. Aus dem Dunkel ins Licht. Aus dem Licht in die Finsternis. Der Himmel ist fern. Welke Blätter wehen über die Straße. Überbleibsel. So wird der Winter gemeinhin vertrieben.

Ich liebte ihr blondes Haar, fest und wie Stroh, die Augen wie Lapislazuli, die feinen Falten, wenn sie lachte, das Grübchen am Kinn. Ich liebte das Sprudeln ihrer Worte, die Stimme, ein Rausch in Bauch und Kopf, die Worte klug und klar. Unter goldenem Blätterwald. Ein Septemberdate. In einer Zeit, in der Menschen einander mieden. Ich habe Eva dann doch nicht getroffen, nicht im Herbst, nicht im Winter, nie.

Vor dem Eingang zum Dogenpalast warte ich. Hinter mir kichern Frauen. Ich spüre ihren Atem im Nacken und gehe einen Schritt zur Seite. Ein Familienvater hält sein Smartphone wie ein Schwert, die Kinder folgen, ohne von ihrem aufzublicken. An der Rialto-Brücke steigt eine Braut stolz in eine Gondel. Die Grauhaarigen hinter mir plappern in einem Dialekt, der nach ausgepressten Limonen klingt. Die Stadt besteht aus Illusionen, sage ich mir, dem Thomas-Mann-haften all der Erzählungen, die hier ihren Ursprung nahmen, Tage und Nächte durchdrangen, als ob man sich nur auf diese Weise der Lagune entsprechend verhalten kann. Als ob es ein Fieber gibt, das allein an diesem Ort existiert, Dunst, der zwischen den Kanälen, über San Marco, entlang den Palästen bis dahin weht, wo es echtes Meer gibt, wo das Wasser nach Salz riecht, Fische schwimmen und den Besuchern insgeheim zulächeln.

Ich bin an der Reihe, erwerbe die Eintrittskarte, betrete den Innenhof, vorbei an Statuen und folge der Herde, die über Treppen nach oben strebt. Auf den Deckengemälden mahnen Engel und Madonnen vom Himmel herab zu Keuschheit und Frömmigkeit. Wesen, die mich aus einer anderen Zeit anstarren und sich wundern, dass welche, die nicht hierher gehören, mit ihren Sneakern den Sand und Schmutz und Staub der Welt hereintragen.

Anfangs sammelte sich Schleim im Hals, verklumpte, formte sich und bahnte sich einen Weg durch den Schlund. Ich schluckte und schluckte, aber sobald ich den Kloß loswurde, entstand ein neuer, den ich wieder herunterwürgte. Mein Hals fühlte sich trocken und wund an.

Von weitem sehe ich den Schatten, lange Beine, schmale Taille, Haare, die im Takt eines Modelgangs schwingen, wundere mich, wie muskulös die Beine wirken. Ich gehe weiter, verliere sie aus den Augen, betrachte die Säle, in denen strenge Richter, Ratsherren und Adlige über Krieg und die Anhäufung von Reichtum berieten. Ich frage mich, in welchen die Kreuzzüge ausgebrütet wurden. Die Damen laufen vor mir her und plaudern unentwegt.

Einige Besucher tragen Kopfhörer, bleiben unvermittelt stehen, richten ihre Blicke im vorgegebenen Takt aus, positionieren sich vor Wänden und Kunstwerken, Sonnenuhren und Gemälden. Ich spüre einen Lufthauch, der an mir vorbeistreift, so nahe, dass meine Haut erzittert, reagiere aber nicht schnell genug. Die langbeinige Fee schwebt dahin und verschwindet in einer Gruppe kichernder Schulkinder im nächsten Saal.

Anfangs spürte ich einen sachten Druck im Kopf. Nach und nach verstärkte er sich, als ob jemand an einem Regler drehte. Die Zellen in meinem Hirn wirbelten durcheinander, vibrierten. Schläge hämmerten. Ich spürte winzige Federschläge, unaufhaltbar. Es war un-

möglich, klar zu denken, ein steter Strom, der jeden Gedanken auslöschte, weder Anfang noch Ende hatte. Ich war außerstande, das, was geschah, zu beurteilen, geschweige denn zu verstehen, was es bedeutet, nach und nach zu ersticken, obwohl genug Luft vorhanden war.

Im Strom weiter und weiter, gelangweilt. Bis sich alles verändert, als ich den Anselm-Kiefer-Saal betrete. Er erschüttert mich unmittelbar und unabänderlich. Ich entdecke meine Träume in den düsteren Farben der Fresken, die bis zu Decke reichen, sehe Schnee- und Feuerlandschaften, das Inferno einer verletzten Landschaft ohne Menschen, den Schrecken des Untergangs, den Himmel, der mitsamt den Sternen auf die Erde stürzt. Ein Nebelgebilde endloser Gewalt. Milk of Dreams. Ich lasse mich hineinziehen, laufe durch Kriegslandschaften, weiche Metallstücken aus, von keinem Gott aufgehalten. Ich bin allein. Armageddon inmitten der Überbleibsel einer verlorenen Zivilisation.

Fratzen, die auf mich herabblickten, Gesichter und Körper hinter Gummi und Plastik verborgen, außerirdisch, fremd. Und doch weiß ich, was geschieht. Alles ist bekannt, weil die Bilder der Ganzkörperverhüllten von den Medien gezeigt werden. Sie näherten sich, schnappten zu, öffneten, schlossen und formten Zugänge zu meinem Innern. So verfügbar war ich, so nackt, so wehrlos. Sie führten Schläuche ein, schnallten mich fest. Ich konnte nicht mehr sprechen, wortlos, verstummt, nichts als Masse, ein Ding, ein Gegenstand. Sie piksten und stachen, spielten mit mir. Ich war eine Puppe, von Nadeln durchbohrt. Roboter bewachten mich. Oder Menschen? Wer wusste das schon. So dämmerte ich weg, verschwand im Nichts, wo Voodoo-Priesterinnen Hühnerblut über meinen bloßen Körper gossen. Wozu? Um zu beweisen, dass ein Toter zum Leben erweckt werden kann?

Zwischen der bizarren Landschaft, die mit dem Palast und den Besuchern verschmilzt, erkenne ich die Silhouette der Frau, nach der ich mich sehne, die langen blonden Haare. Ich tauche ein. Wir wandern über Trümmer, suchen nach der Verbindung zwischen Leben und Tod, Wirklichkeit und Traum, ein Sinnbild für die Lagunenstadt selbst. Ich gerate außer Atem, japse nach Luft, vermag nicht mehr zu folgen, falle zurück, verliere, was ich mir wünsche.

Ungefragt spuckt mich die Wand, dann der Palast aus. Ich finde mich auf dem Markusplatz wieder. Möwen umschwirren mich.

Der Kampf tobte, Zelle gegen Zelle. Während all dem ging verloren, was ich war. Vergessen breitete sich aus. Ich wurde in eineTraumwelt geworfen und sah Bilder in endloser Reihe. Mao Zedong. Andy Warhols Marilyn. Das Hochzeitsfoto meiner Eltern. Ich als Kind im Kornfeld, lächelnd. Nackte Männer und Frauen, die ich durch ein Schlüsselloch betrachtete. Ich erkannte den Grand Canyon, hörte das Rauschen der Victoria-Falls, schmeckte die süßsaure Kamelmilch mongolischer Nomaden. Ein Schmetterling flatterte in meinem Garten von Blatt zu Blatt. Alles, was sich in der Erinnerung festgesetzt hatte.

Im Touristenmeer zu den Giardina. Manche tragen Hoffnung in den Augen spazieren, als ob das Leben eine romantische Wende nehmen könnte. Ein großer Mann mit Künstlerhabitus, schwarzem Anzug, weißem Hemd, Sandalen, streift mich. Neben ihm geht eine dunkle Frau. Eine Maske verdeckt ihre Gesichtszüge, aber die Haare leuchten. Am Pier hat eine Jacht festgemacht. Arbeiterameisen tragen Kisten an Bord. Ich stelle mir darin Dollarnoten vor, Champagner, Kokain und ausreichend Waffen.

Ein Strich zu viel, der sich dazwischen drängte, ein Fremdling. Und dennoch ein Statement, dem ich keine Bedeutung beimaß. Ein Strich, mehr nicht. Ich überlegte mir, ob ich Cola getrunken hatte, welche

Abweichungen den Strich hervor gerufen hatten, wie die das überhaupt machen, das mit dem Strich. Könnte ja alles gefakt sein, wäre doch gut möglich. Nichts ist sicher, nirgendwo gibt es 100%. Wir konstruieren die Welt aus Wahrscheinlichkeiten. Das verstand ich. Also wartete ich. Erschauderte. Horchte in mich hinein. Der Schrecken kam auf Katzenpfoten. Gleichwohl: Ich bin stark. Mens sana in corpore sano. Als Kind habe ich Waldluft getankt. Das hat mich abgehärtet. Schwäche erst gar nicht zugelassen.

Auf dem Boden liegt Stroh. Ein Strang hängt von der Decke, ein fest geflochtenes Seil um den Hals eines bärtigen Männerkopfes geschlungen, dessen Augen verschlossen sind. Darunter der Leib eines Zebras, ein aufgequollener Bauch, Hufe, die über dem Boden baumeln. Es riecht nach Öl und faulem Fleisch. Ich frage mich, ob der Geruch Teil der Performance ist, ob er den Lüftungsschächten entströmt.

Vor mir steht ein großer Kerl entspannt neben dem Stall. Nicht so nahe, dass er den künstlichen Dung berühren würde. Er dreht sich um und schaut mich an. Er trägt einen Hipsterbart, jedes Härchen akkurat gepflegt. Auf seinen Armen erkenne ich wilde Tätowierungen, Gesichter, einzelne Sätze, Namen und Daten. Er grinst, als ich seinem Blick ausweiche. Am Ausgang betrachte ich Schafe mit perlweißem Fell, übereinander geschichtete Kadaver.

Träume, die sich wiederholen, die ich nicht los wurde. Ich führe einen Hund Gassi. Er geht an der Leine, hat ein weißes Fell, an einigen Stellen schwarz gefleckt. Der Terrier rennt im Zickzack von einer auf die andere Seite des Weges, schnuppert, bellt, nimmt Witterung auf, läuft los, bis das Band ihn limitiert. So geht das eine Weile. Irgendwann verschwindet er in einem Busch. Nach einer Weile taucht er wieder auf. Aus dem Maul ragt etwas, das ich erst wahrnehme, als er es vor meinen Füßen fallen lässt, einen Greifvogel, so riesig, dass ich ihn für einen Adler halte. Da erst bemerke ich, dass der kleine

Terrier sich in einen Höllenhund, einen Zerberus, verwandelt hat, ein riesenhaftes Wesen mit einem Stockmaß größer als ich. An den Reißzähnen hängen Federreste. Blut tropft auf die Erde. Sein dornenbewehrter Schwanz wedelt über meinen Kopf hinweg. Das Monster hätte mich zum Himmel schleudern können. Stattdessen beginnt es an mir zu knabbern, schlitzt meine Haut auf und entreißt dem Fleisch winzige Stückchen. Ich spüre heißen Schmerz, blute und gewöhne mich nach und nach an mein neues Ich, das nunmehr nichts als ein geschundener, zerfetzter Leib ist. Das Merkwürdige ist, dass ich das Untier aus tiefstem Herzen liebe, eine Verbindung empfinde, Symbiose.

Ebenso schlimm, der Wüstentraum. Ich wandere an einem Strand entlang. Meerwasser bespült meine Füße. Ich bin allein. Irgendwann laufe ich landeinwärts. Die Dünen enden nicht, reichen weit ins Land. Nirgendwo eine Pflanze, nirgendwo Schatten. Ich steige Dünen auf und ab, immer weiter. Warum, weiß ich nicht. In der Ferne höre ich Kinderschreie, Hyänen, die sich versammeln. Ich habe kein Ziel und spüre die Hitze kaum, die den Sand aufheizt. Dann vibriert die Luft, ein Glutwind schlägt mir entgegen, der die Sandkörner aufwirbelt. Die Sonne verschwindet. Dunkelheit bricht an. Der Wind wird stärker und stärker, peitscht auf meine Haut, dringt durch die Kleider. Sandkörner schlagen wie Geschosse ein. Ich werde zu Boden gedrückt, begraben, wehre mich, richte mich auf. Wenn ich die Augen nur einen Spalt öffne, werde ich getroffen. Ich ducke mich, will unbedingt stehen bleiben und muss doch auf die Knie sinken. Ich darf mich nicht begraben lassen, muss mich bewegen und vermag es nicht. Verschlungen, besiegt, will ich gerade aufgeben. Der Wind verschwindet wie er gekommen ist, von einer Sekunde auf die andere. Ich möchte die Augen öffnen, aber es gelingt mir nicht. Dennoch spüre ich, dass die Sonne durchdringt.

Sieben Wochen in Endlosschleife. Traum um Traum. Mehr Wirklichkeit ist von dieser Zeit nicht geblieben.

Vor dem Pavillon setze ich mich unter einen Baum. Ein Glücksgefühl durchströmt mich, weil ich atme. Trotz des modrigen Geruchs, der durch das Ausstellungsgelände weht. In der Menge entdecke ich einen hochgewachsenen Mann in den Sechzigern, schwankend wie eine Boje im strömenden Meer. Er beugt den Kopf und starrt in ein Buch, bemerkt die beiden Mädchen mit Schwanenhälsen nicht, die in ihren bunten Prada-Kleidern an ihm vorbei tanzen. Ich trinke. Wasser ist Leben. Einen Zylinder zu tragen, Lackschuhe und Cutaway, wäre die richtige Art und Weise, den Elefanten zu betrachten, der in der Rotunde der Haupthalle steht, ein stolzes Tier. Denn dann könnte ich mich nach Afrika sehnen wie ein imperialer Europäer, dessen Augen sich verschließen, wenn die schönen Menschen des Kontinents der Löwen und Safaris bettelnd im Schmutz sitzen. Ich streichle die Statue aus Obsidian, eine Frau mit einem Kopftuch, die den Boden wischt, die Beine durchdrückt, mit der Stirn beinahe die Erde berührt.

Ein Schatten verfolgte mich, vielleicht eine Frau, vielleicht ein Mann, aber er floh, wenn ich zu nahe kam. Ich wünschte mir sehr, ein Gesicht zu sehen, wollte wissen, wie die Nase geformt war, all das. Wenn es mir doch einmal gelang, die Distanz zu verringern, sah ich durch den Schleier eines Wasserfalls nichts als ein Trugbild. Liebe durchströmte mich dennoch, ein banales Gefühl, gleichwohl echter als die Geräte, die mich am Leben hielten, die Roboter in Latex und Plastik, die mein Sterben begleiteten, über die Maschinen wachten, die bewiesen, dass nichts vorbei, ein Sieg über den Tod möglich war. Als ob nicht mehrere Arten des Todes und mehrere des Lebens existierten. Als ob es nicht Lebende gab, die tot waren und Tote, die lebten. Nichts ist wahr, alles Lüge.

Die Tore eines pastellgrünen Pavillons sind verschlossen. Zwiebeltürme ragen empor, harmonisch. Ich wäre gerne hineingegangen, um zu erfahren, was das große Land im Osten zu sagen hat, ob ich etwas wiederfinde, was ich suche, womöglich gerade dort die Schattengestalt treffe, nach der ich mich sehne. Ob sie im Sturmschritt heraus marschiert, die Kalashnikov im Anschlag. Ich wende mich ab und betrete die deutsche Villa, erwarte einen Skandal, etwas Verstörendes, Kippas, Burkas, süße Transmenschen, toxische Männlichkeit mit Bart, Hip-Hop-Frisuren, Goldkettchen. Stattdessen nackte Wände, an einzelnen Stellen aufgerissen, sodass man das darunterliegende Holzskelett erkennt, die freigelegten Böden mit ihren unterirdischen Verliesen, in denen Kunstsklaven erbarmungslos gefoltert wurden. Ich wundere mich, dass es so still ist, nirgendwo Schäferhunde bellen.

Niemand besuchte mich. Weder während der Zeit an der eisernen Lunge, noch danach. Meine Mutter sagte, sie wäre einmal da gewesen, aber es hätte sich nicht gelohnt, einen Leichnam zu betrachten und zuvor die Prozedur über sich ergehen zu lassen. Meine Schwester wohnt in den USA. Und die paar Freunde, die ich habe, wären ohnehin nicht zu mir vorgedrungen.

Man sagte mir hinterher, ich hätte zehn Tage zwischen Tod und Leben verbracht, aber es war ein einziger, das verstehen sie nur nicht, weil sie nicht dabei waren, nicht wissen, dass die Zeit sich dehnt. Dämonen versammelten sich, bildeten einen Kreis um mich und stellten Fragen, ein endloses Verhör, ein einziges Warum. Und das allerschlimmste waren die Gesichter hinter den Masken, alle in wallenden Gewändern, Zombies, die mich angrinsten und neckten, mich aufforderten, mitzukommen, ins Dunkle, auf einsame Inseln in der Südsee, zu Berghütten vor Gletschergebirgen.

Künstliches Koma, sagten sie, als sie mich aus den Träumen rissen. Ich konnte nicht antworten, meine Zunge war viel zu schwer. Als ich mich im Spiegel betrachtete, sah ich eine Hülle aus Knochen und Fleisch, einen Fremden, der mich aus verquollener Fratze anschaute. Die Menschen hielten weiter Abstand. Umarmungen schienen un-

möglich. Ich lernte gehen, sprechen, wurde zum Kind, das sich die Welt erst wieder erobern muss.

Ich besteige das Vaporetto und fahre nach Giudeca. Von dort sieht man die Silhouette der Stadt. Ich bestelle die Fleischplatte, eine Empfehlung des Hauses, und lasse die Hälfte übrig. Denn am Kai wartet La Bionda auf mich. Sie hat lange, blonde Haare. Ich erkenne ihr Elfengesicht klar und deutlich. Sie nimmt mich wortlos an der Hand. Ich bin glücklich.

Ich musste die Dämonen suchen. Und den Schatten. Deshalb reiste ich nach Venedig. Wohin auch sonst. Im Flieger drückte ich die Maske fest aufs Gesicht. Nach der Landung spürte ich den Druckausgleich wie ein Beben im Ohr.

Am nächsten Morgen wache ich im zerwühlten Bett auf und weiß, dass ich die Nacht nicht allein verbracht habe. Sand rieselt von der Bettdecke, von meiner nackten Haut auf den Boden, als ich aufstehe und aus dem Fenster blicke. Der Dunst über der Stadt ist völlig verschwunden. Ein Sonnentag beginnt.

Lelia Strysewske

Tränen reichen

Und der Mensch bleibt arm und klein, wenn er sich stets vergleicht und, obschon reich, doch niemals reicht."

Omaka, nonchalante Frau mit Erde, die an ihren nackten Füßen backt, reicht Leo einen klaren Blick aus Augen, die gleich Kraterseen tiefes Licht in Schatten sprühen. Irgendwo in einer Mitte zwischen Nacht und Morgen lehnt sich ein Gesicht dicht an ein anderes an. Zärtlich leicht, Wange an Wange geneigt, träumen Omaka und Leo ihr zeitloses Gedicht: Von einem Reich, das reicht, das Eigenarten, Unerhörtes, Fremdes in einen Frieden flicht. Euphonie der Vielen. Rohes, Gleichgemachtes, Quergedachtes, Regen, Wälder, Öl, Hanf und kreative Felder, alle Schätze dieser Erde, schwingen freigesinnt, vereint. Das Elend aller Herrschaftsformen, blasierter Normen, verheerender Macht, Notsignal komplexer Minderwertigkeit, notorisch verwechselt mit der Wirklichkeit, verfällt. Mag sein, dass die Arroganz der Inferiorität, in einer letzten theatralischen Szene, bedürftig, schrill und um sich schlagend, noch einmal aufbegehrt. Dann fällt der Vorhang. Alles still. Bestürzt. Zutiefst betroffen. Besinnung des Menschen fällt ein, in einem orgiastischen Akt. Unversiegbarer Reichtum erglüht, nackter Wohlstand, den die Geschichte nicht kennt. Er kuriert die Plage jeder plündernden Gewalt, ganz natürlich, ohne Gedöns. Wange an Wange lauschen Omaka und Leo dem freien Vermögen des Menschen. Seinen tief in der Erde verwahrten Liebesquellen.

Ja, ohne Flachs, der irdische Himmel, Wange an Wange, wird noch einmal meuchlings zerkratzt. Durch Geltungsgesindel, Schall und Rauch. Metallisches Scheppern, grollendes Schlachten breitet sich frostklirrend aus, schikaniert jede Gemeinschaft, Hoffnung und Andacht, mit einem beklemmenden Krach, löchert empfindsame Ohren, fiebrig, mit spitzen Zungen. Der Wahn der Macht, haltlos, rüstet nach, hetzt Presse, wetzt Säbel, Opfer und Fallen, peitscht Güte und Eintracht mit einem frivolen Hohn, der Überlegenheit jämmerlich vortäuscht. Er spitzelt, taub, er stichelt, blind vor Not.

„Dass ich nicht lache", schmettert gnadenlos bissig der stichige Wahn, „teilen wollt ihr und lieben, und das alles in Freiheit und Frieden? Vertraut ihr dem Menschen? Glaubt ihr an göttliche Wunder und Wandel? Das kaufe ich euch nicht ab. Das gibt's nicht. Nicht in unserer zerspaltenen Zeit. Wahnsinnig seid ihr, überirdische Spinner, das sag ich euch. In des Menschen mechanistischem Ordnungsprinzip, das seit dem sechzehnten Jahrhundert mächtig regiert, ist der Raum für jedes Wunder längst zu zementiert. Jeder Protest gegen das allgewaltsame Wissen der Wissenschaftswirtschaft kommt viel zu spät. Ihr macht euch lächerlich mit eurer Prozessmetaphysik. Törichte Hippies und Schwurbler seid ihr, längst obsolet, mit eurem Gefasel von Liebe und Integrität. Ihr blauäugigen Liebesverschwörer, ihr ... ihr ..."

Der Wahn. Er schwächelt, er hüstelt und röchelt. Ein grippaler oder ein Seelen-Infekt? Er spritzt sich was ein, macht weiter. Unerbittlich und gezwungen heiter: „Könnte ich etwas empfinden, hegte ich Mitleid mit euch, doch, technischem Fortschritt sei es gedankt, alles unerschwingliche Fühlen, Wünschen und Träumen vergeht, kühles Kalkül überlebt."

Ein Grübchen zwischen zwei Wangen dehnt sich warm und gerührt, bewahrt entrückt den Nähebund, überhört Spott und Beleidigung. Der Wahn, dem Wahnsinn nah, versteht die Rührung nicht, verstummt. Befremdlich, diese Hingezogenheit. So intim und unverblümt und echt. Peinlicher Gesichtsverlust. Sinnenbindung kennt und will er nicht. Schlimmer als jeder Seitensprung. Was soll er kundtun? Will er noch? Er muss! Verstört vertuscht der Wahn Verlegenheit. Er schwurbelt und schwankt. Ist er braun, rot oder grün? Ist er dicht? Die Richtung ändern darf er nicht. Er lärmt und panzert sich, erhöht den Druck, verstößt wie üblich seine fundamentale Verunsicherung. Nein! Ratlos, schwach und ängstlich ist er nicht. Nein! Auf keinen Fall! Er ist unangreifbar mächtig und immun gegen Fremdes, jede Emotion. Er hechelt, er schluckt, verschluckt Zweifel und Fragwürdigkeit. Oh je, er sabbert und lallt.

„Pah!"

Mechanisch räuspert er sich.

„Pah!"

Trumpft er auf.

„Pah!"

Näselt er. Ob ihm ein Hindernis zwischen die Gaumensegel gerät, ein Dings, obskur und lütt, ein poröser Mikrochip, der sich spontan verschiebt?

„Äh!"

Er wirkt wie dauerbetäubt oder chronisch betrübt.

„Äh, auch wenn eure Gefühlsduselei mir nicht glaubt, ich treibe schon lange mein Unwesen, äh, bewirke wesentlich Gutes hier. Rechnet mit mir. Von langer Hand ist das Vergehen gerüstet ... äh ..."

Ob das schon wieder ein Versprecher war? Ein lapidarer Sprung in seiner trügerischen Obsession? Ob er leidet? An Anthropophobie? Misanthropie? An kollektiver Vereinsamung?

„Äh ... Pah! Schluckt endlich eurer verfluchten Gesundheit zuliebe den unbestrittenen Tatbestand, dass euer blauer Planet an schwärmerischer Idiotie und Übervölkerung zugrunde geht. Wenn ihr die

Erde retten wollt, stellt euch unserem neoterischen Mandat digitaler Despotie. Wir meinen es gut, wenn wir phobisch unversöhnlich Immunsystem und Liebesgurren, Ethik und Vertrauen ruinieren. Bezwingt eure irritierende Melancholie, reiht euch ein in das überragende technokratische Genie. Eure umnachtete Weltfremdheit bannt euch in blumigem Widerstand. Von den Zukunftsexperten rückt ihr ab, negiert sie als gewissenloses Pack. Ha! Ha! Ihr wisst nicht, dass ihr mit eurem anarchischen Beatnikgestammel nichts mehr richten könnt. Traumbetäubt schwingt ihr naive Banner, singt infantile Lieder und merkt nicht, dass auch ihr bereits entartet seid: Perfekt gelenkte Algorithmen in unserem smarten Überwachungsapparat. Unterwerft euch diesem unabänderlichen Fakt."

Der Wahn, er zappelt atemlos, er spuckt: „Schluckt, Leute, schluckt die Tyrannei der Gegenwart und spart. Erspart uns Wehgeschrei, Heizen, Duschen, alle Kontroversen, Fragenvöllerei. Wenn ihr die große Katastrophe nicht verschulden wollt, trennt euch. Von Herz und Gut und Geistreichtum."

Leos Wangengrübchen und sein Innenohr fühlen sich beschmiert von dem verdrehten Widerschall. Das Mark in Leos Rücken stockt wie ölverklumptes Meer. Leos Muskeln zucken säuerlich. Ein abgedrehter Wurm, der öde Phrasen drischt und skrupellos in ihren Zellen pult, erquickt sie nicht. Leos malträtierter Leib will jetzt gerne wissen, wer so ungehobelt Mackerschnulzen repetiert. Ihm ist wohler, wenn er seine eigene unbelegte Stimme und die der Schmetterlinge hört. Umrankt von einem femininen Flor aus Seelenselbst und wilder Lebenslust, pendelt Leos Kopf aus einer Wangeninnigkeit nach links, nach rechts, entspannt, rückt sich im Zentrum seines Baldachins wonniglich zurecht, fragt keck:

„Hey, du Schrecken stiftender Geck, wenn du schon dein inszeniertes Dauerecho fauchst, besitzt du Mut und tauchst persönlich auf?"

„Mut? Pah! Ich bin der Leibhaftige ... äh ..."

Ein ätzendes Schürfen durchschneidet die Erdatmosphäre. Die Luft detoniert. Ein diesiger Sturm schnaubt echauffiert. Der, der sich nicht zeigt, wird wohl über unsichtbare Netze manövriert.

„... äh ... Fürst ... also ... äh ... ich bin wohl tätlich und der Mut höchstselbst ... äh nee, wohltätig ... tonangebend und ein Tumor ... äh, ich meine ... euch turmhoch überlegen. Nachsichtig mit eurer unliebsamen Krümelkackerei, hielt ich mich vorerst noch bedeckt. Doch wenn ihr's wissen und ertragen wollt ... Trara! Ich bin Martia!"

„Aha, militantes Plagiat, noch nicht mal wartungsfrei."

Ein Frosch, der im Gras frei lachend quakt, lockt Leos Wissenslust bei weitem mehr als ein dirigierter Robomat.

Omaka pfeift.

„Cool."

„Was?"

Leo ist baff.

„Na ja, cooles Fabrikat. Bombastisch präpariert. Wenn auch farblos, nichts für mich. Doch sag, du forscher Wicht ... zeigst du uns dein Gesicht?"

„Das brauch ich nicht, ich bin der Absolute Eine Quantensprung, von dem ihr in Riten und Gebeten, arg zurückgeblieben, fabuliert."

„Wer?"

„Äh ... du Männlein ... Neue Welt? ... Cyborg? Nie von uns gehört? Guckst wohl keine Serien, was? Kybernetische Organismen. Walten wie geschmiert. Gott übertrumpfende Melange aus biotechnischem Getriebe und qualifizierter Höchstleistungsmaschine. Wir definieren die Gegenwart und dominieren die Zukunft. Doch sorge dich nicht. Blitzgescheit und superwendig werdet ihr von uns chauffiert. Diverse, Gender, SchwarzeLebenZählen, Klimaaktivisten sind längst fingerfertig programmiert, Behörden, Demos und Versuchslabore infiltriert, die ideale Überordnung etabliert."

„Du, du …, wirst du von Klaus souffliert?"

„Von wem? Ach, Klausilein, der ist längst antiquiert."

„Du, du ... bist ein Android?"

„Nein, nein, viel mehr. Verstimm' mich nicht. Na ja, was soll's, gräm dich nicht, ich bin weder kränkbar noch verletzlich, ganz anders als ihr. Auch sensibel oder nachtragend bin ich nicht. Das ist mir alles allzu menschlich. Ein Android, dem fehlerhaften Menschen täuschend ähnlich, ist nur patente Technikkreatur und wie der Mensch, beschränkt, vergänglich. Ich dagegen bin brillant. Außerordentlich gerieben, getrieben, gerissen, geschliffen. Menschliches Blut, gentransformiert, komplex chiffriert und exorbitante Technologie sind in mir einwandfrei hybridisiert. Obendrein amtiere ich als Prototyp eurer vielzitierten Parität. Ich bin weder Frau noch Mann, kein sie oder es oder er. Ich bin viel mehr. Ich bin Trans. Ha! Ha! Nicht, wie du denkst. Viel mehr. Ich bin, was Gott in seiner Kleinlichkeit misslang. Transhumanist. Bin nicht Tier, noch Mensch oder Maschine. Nein, bin makellos, die Krönung abseits der Geschichte. Nun, sei es drum, ich merke schon daran, wie du reagierst, daran, wie du deine eingesaugte Luft anhältst, dass ich noch immer zu bescheiden bin."

Das, was in Leos Welt nichts als gespenstige Attrappe ist, postiert sich unerotisch und verstrahlt, protzt mit mutierten Nanosträngen, mit unstillbaren Zwängen. Leo gähnt und krault den Frosch, Haut und Fleisch und Wangennähe, unersetzlich.

„Ich existiere, Quatsch, ich prävaliere, als formvollendetes Gemälde der Posthumanisten. Ich bin. Bin mehr. Bin über. Radiere jede Mittelmäßigkeit."

„Sag, deine Selbstgefälligkeit, ist sie ein wenig drüber?"

„Was? Ach was. Das gehört zu mir dazu. Dazu habe ich auch allen Grund. Ich bin die Fusion par excellence und richte über Mensch und Zeit und Wirklichkeit. Ja, ja, ich weiß, verschmelzen wolltet auch ihr. Leider seid ihr dem allzu menschlichen Irrtum unterlegen, es ginge um das Bündnis von Körper, Geist und Seelen. Pah! Ihr Armseligen, ihr habt den Clou nicht kapiert. Unser Ultra-Technik-Pakt ist über Gott und Über-All, unstrittig und intakt. Euer Popanz Gottilein dagegen ist irreal und leck. Sei kein Hornvieh und schlag ein, bezwing mit uns dein popeliges Menschilein."

„Wozu wiederholst du dich in einem fort, wenn du dir deiner Überlogosmacht so sicher bist? Und, überhaupt, ich seh keinen Charme in deinem Transhumuswahn."

Leo liebkost sein allmenschliches Grübchen.

„Aaah ... äh ... ah ja, ich verstehe ..., bin zu geschwind für dich. Unsere durchtriebene Konstruktion, vierte industrielle Revolution, übertrifft deinen besudelten Grips. Nun ..., das macht nichts, denn die frohe Botschaft ist: Ihr müsst nichts denken und nichts eigenständig tun! Wir höchstselbst haben Kopf und Blut im Griff. Noch nicht einmal bilden und entwickeln müsst ihr euch, das übernehmen wir. Ihr müsst euch nicht quälen mit mühsamer Selbstreflexion. Müsst nicht fragen, euch nicht besinnen, schon gar nicht bestimmen. Von sperrigem Aufwand, Schweiß und Nähe, von jedem bewussten Akt entbinden wir euch. Energisch und smart. Wir verwalten den Wandel, nach dem ihr euch sehnt. Importunes, Malen, Singen, Tanzen, Turnen, jede abweichende Torheit, das ganze Schlamassel, brechen wir auf. Deplatziertes, ungelegene Bäume, altertümliche Häuser, Trampelpfade, schräge Feste, berührbare Wesen, renitente Rechte bauen wir ab. Wir annektieren den verkümmerten Gott samt seinem verschlampten Planeten und seiner schludrigen Skizze des Menschen. Vertraut uns. Wir sondern aus, sanieren die Auswahl, das ganze All. Hört auf uns, vermacht uns eure Liebsten, Güter, Leiber, glaubt, was wir versprechen. Von jeder ausweglosen Menschlichkeit werdet ihr befreit. Heil und Pflicht wird euch von uns, dem wahren Gott, exakt dosiert, beschert."

Leo hört nicht. Doch, er hört. Er hört auf sich. Leo sieht und begreift. Ergreift ein Grübchen, das zwei Wangen dicht beieinander hält. Leo schluckt, bekommt einen Schluckauf. Das Schlucken hört nicht auf, überstimmt eitlen Wahn, jeden Spuk, der nicht leben und nicht sterben kann. Martia, ein Cyborg oder ein Knirps, dem ein Liebesstern abhanden kam? Ein verarmtes Wesen, weder Mensch noch Tier, nicht Gott, noch Frau, Mann oder Kind, ein verängstigtes Ding, dem Leo gern ein Nest an seiner Wange spenden will.

Ups, der Wahn, so überhört, erbricht, zerschellt, ohne Grund und Argument, weil nichts sein arg verletztes Herz zusammenhält.

Omaka singt ein Willkommenslied für unvollkommene Menschen, für ihre Furcht und ihre Wunden, für das Wunder ihrer Erde, die in Rhythmen bebt, die Melodien von sanften Fußabdrücken weckt. Ein Geschmack von jungem Löwenzahn und Moos erfüllt die wildpikante Luft, hängt ein Gewand und einen Sehnsuchtsduft über das hybride Stück, das sich nicht weiß und jetzt in Trümmern liegt.

***

Edle Gaukler freier Reiche ziehen wieder übers Feld, Taubenschwänzchen, Mohrenfalter, Schwärme unverstörter Flügelwesen. Esel wiehern, Ochsen schnurren, Licht der Eule und der Fliege nieselt unversehens durch den alten Nebel auf das Land. Verwaiste Narben der verwirrten Ruhm-Macht-Geld-Giganten platzen. Masken, Bühnen und Verbände splittern, bersten, lassen all die anderen, Vielen, versöhnlich hinter den gefallenen Vorhang auf fragile Wesen blicken. Schlichtes Wundern, mannigfaltig, löst Angst und Scham, Barrieren, enthüllt ein zittrig ehrliches Gesicht.

„Und jetzt? Was machen wir jetzt, Omaka?"

„Pssst. Wir tun einfach mal nichts. Wir warten."

„Au!"

Scheues Furzen aus den grünen Tiefen eines Kratersees.

„Will zurück. Will dem Menschsein angehören. Weil ich auf der Erde seit beinahe sechzig Jahren resolut und lüstern alles Wissen über digitale Technik und Bionik kumuliere und ein Most von bittren oder süßen Trauben nie durch meine Haut- und Schädelimplantate rinnt, bin ich vielleicht unverletzlich, doch ich spür und will mich nicht."

Sachtes Klopfen.

„Reicht mir jemand Tränen, Lachen oder eine Hand?"

Ein stiller Dank.

Omaka zögert, Regenbogentropfen rieseln über Mund und Wangen, „komm", sagt sie, umweht von Milliarden Klängen, „erzähl von dir und deiner Wissenschaft und wie sie einem Menschen manchmal dient, der um sein Leben ringt."

„Gern", nickt der Mensch, der sich beständig wandelt, „und tanzt du mit mir Cha-Cha-Cha?"

Laudationes 2023

Liebe Barbara!

Liebe Mitglieder der Godesberger Literaturjury!

Liebe Autorinnen und Autoren!

Liebe Gäste!

In meinen einleitenden Worten möchte ich Bezug nehmen auf ein Zitat der faszinierenden dänischen Dichterin Inger Christensen, deren herausragende Lyrik durch kraftvoll tiefgründige Sprachbilder in mathematisch präziser Versgestaltung besticht. Sie sagt:

„Das Wort erschafft, was es nennt." Und sie erläutert dazu: Es ist unsere innere Welt, die das erschafft, was das Wort benennt.

Ich kann Rose sagen und vor meinem inneren Blick sehe ich eine Rose.

Bei Apostel Johannes heißt es: „Im Anfang war das Wort, und das Wort war bei Gott und Gott war das Wort."

Das Wort erschafft, was es nennt. Der Ausspruch beschreibt einen schöpferischen Akt. Das Wort erweckt eine innewohnende Kraft, eine autogene Fähigkeit, ganze Vorstellungswelten in uns entstehen zu lassen. Das wusste bereits Johannes.

So wie der Maler Formen und Farben, der Musiker Töne und Klänge und der Choreograph Musik und Bewegung verbindet, so kombiniert der Dichter Silben und Worte.

Und er braucht zum Schreiben nur eine beschreibbare Unterlage und ein Schreibutensil.

Und wem nicht einmal diese Dinge zur Verfügung stehen, der könnte Dichtung auch aus dem Geiste allein kreieren und im Gedächtnis bewahren.

Aber wie sieht die klassische Situation eines Dichters aus?

Ein stunden-, vielleicht tagelanger Kampf mit dem weißen Papier und dem Bewusstsein, dass am Anfang das Wort war. Eine langwierige Mühsal und Grübelei auf der Suche nach dem einen, inspirierenden Wort. Und dann doch, das magische Wort, das sich unweigerlich seine Bahn bricht. Das Wort, das die Leere hinwegfegt und den Weg in das grenzenlose Mögliche ebnet.

Es entsteht eine eigene, erdichtete Welt. Sie entsteht nicht aus Erlebnissen, Ideen, Gedanken oder Vorstellungen. Nein, sie entsteht dadurch, dass man den Worten lauscht, ihrem Rhythmus und ihrer Klangfarbe freien Lauf lässt.

Novalis schrieb: „Wenn man den Leuten nur begreiflich machen könnte, dass es mit der Sprache wie mit mathematischen Formeln sei. Sie machen eine Welt für sich aus."

Aber warum schreiben, wo der heutige Krieg vielleicht der verheerendste ist? Wo die Menschheit sich neue Vernichtungswaffen ausdenkt, um sich am Ende selbst vom Erdball zu tilgen?

Vielleicht geht es um eine Art Beschwörung. Eine Hoffnung und ein Gebet. Darum, dass Dichter und ihre wahrhaftigen, ergreifenden und ehrlichen Worte dieser Welt erhalten bleiben. Dass auch für das Unsagbare Worte gefunden werden.

So wie im Geigenspiel von Igor Tschernjawski und der Lyrik von Dmitri Strozew:

„was bleibt dem dichter

als der welt

lautlos zuzuflüstern

Butscha

Irpin

Borodjansk

Kramatorsk"

„Und wir hören nicht auf zu singen

Über dem Abgrund des Krieges"

Und wir werden nicht aufhören zu lesen und Preise auszuloben und uns tragen lassen in die inneren und äußeren Welten der Worte.

Vor allem aber, um auch das Unfassbare zu sagen und zu erzählen, was verschwiegen und zu beschreiben, was verborgen ist.

1. Gewölk

1920, auf einer Zugfahrt nach Berlin blickte Bertolt Brecht aus dem Fenster, hoch oben über der märkischen Weite, sah er plötzlich eine Wolke am Himmel stehen. Und er schrieb in sein Gedichtbuch eines der ergreifendsten Gedichte des 20.Jahrhunderts:

„Erinnerung an Marie A."

„Nur die Wolke, die über ihnen stand, sehr weiß und ungeheuer oben, als Marie in seinen Armen lag", an die kann er sich erinnern.

Florian Illies schreibt dazu: „Das vermeintlich Ewige ist flüchtig, das vermeintlich Flüchtige ist ewig."

Liebe Frau Heinemann, auch Sie haben wie Bertold Brecht unsere Aufmerksamkeit und Begeisterung auf die Ästhetik, die Dramatik, die Ornamentik und die seelische Wirkungskraft der Wolken gelenkt. Ein romantisches Thema in einer (post)modernen Form.

Verdampft aus Meeren und Gewässern, schwebt in der Erdatmosphäre zu jeder Stunde die Wassermenge von rund 13.000 Kubikkilometern. In jeder Aggregatform bewegen sich die Wassermoleküle durch die Lüfte, flüssig als Tröpfchen, gasförmig als Dampf und fest als kristallines Eis. Als Dampf unmerklich, wird das atmosphärische Wasser für uns Menschen sichtbar, wenn es zu Tröpfchen kondensiert oder zu kleinen Eiskristallen resublimiert und sich schließlich zu größeren Agglomeraten versammelt. Diese markanten Agglomerate nennen wir Wolken. Bewegt und geformt vom Wind und farbig bemalt von den Reflexionen und Brechungen des Sonnenlichts, berühren die Wolken unsere Seele in nahezu religiös metaphysischer Tiefe. Als Spender des Regens sind sie Quell unserer Flüsse und Seen und Ausgangspunkt allen Lebens an Land. Geprägt vom beständigen Wechsel zwischen Werden und Vergehen, von unendlich wandelbaren Formationen, farbigen Lichtspielen und mächtigen Ausmaßen und dabei doch leicht und schwerelos, verkörpern sie das Lebendige, das Erhabene, das Göttliche.

Künstlerinnen und Künstler, Dichterinnen und Dichter ließen sich von der poetischen Leichtigkeit und Flüchtigkeit, dem romantischen Licht, aber auch von der ungeheuren Dramatik und Dynamik inspirieren. Stets getrieben von der Sehnsucht nach dem, wenn auch nur flüchtigen, Wahren und Reinen.

Zu den wichtigsten Malern der Wolken und der Atmosphäre zählen William Turner, John Constable, Caspar David Friedrich, Koloman Moser, Ferdinand Hodler sowie die Vertreter des Impressionismus. Nicht zuletzt auch im Surrealismus, beispielhaft bei Rene Magritte, findet sich das bizarr Verformte und Verfremdete, das Schwebende, das Traumhafte und Metamorphische. Auch in der Popart und den Werken von Gerhard Richter sind Wolkeninterpretationen wichtige Zeugen des künstlerischen Genres und Schaffens.

Im Versuch, die flüchtigen Momente des atmosphärischen Geschehens auf der Leinwand festzuhalten, entwickelten die Künstler des 19. Jahrhunderts eine neue, dem Geschehen angepasste und hastige Maltechnik, die insbesondere für die impressionistische Malweise charakteristisch wurde. Das Abbild der Wolken stellte hierbei die größte Herausforderung dar.

Der Medienwissenschaftler Rudolf Arnheim sah in den Wolkenstudien schließlich die Vorläufer der modernen, nicht gegenständlichen Kunst.

Die wissenschaftliche Beobachtung und Erforschung der atmosphärischen Phänomene und Zusammenhänge begann erst im frühen 19. Jahrhundert, als Luke Howards (1772-1864), ein Londoner Pharmakologe, den Grundstein zu einer Klassifikation der Wolken legte. In einer Vertikaleinteilung definierte er die Grundformen Cirrus, Cumulus, Stratus und Nimbus.

Goethe begeisterte sich für diese Arbeit und er schrieb ein Ehrengedicht für Howard:

„Er aber, Howard, gibt mit reinem Sinn

Uns neuer Lehre herrlichsten Gewinn"

Und dann zu jeder Wolkengrundform eine Strophe.

Hier zur Stratuswolke:

„Wenn von dem stillen Wasserspiegel-Plan

Ein Nebel hebt den flachen Teppich an,

Der Mond, dem Wallen des Erscheins vereint,

Als ein Gespenst Gespenster bildend scheint,

Dann sind wir alle, das gestehn wir nur

Erquickt, erfreute Kinder der Natur."

In der heutigen Zeit haben es die Menschen größtenteils verlernt, den Himmel zu betrachten, seine Bilder und Dramen zu lesen und zu erleben. Sie beschränken sich darauf, die gewaltigen Ge-schehnisse in sachlicher Kurzform als Wetterbericht zur Kenntnis zu nehmen.

Sie, liebe Frau Heinemann, schreiben:

„das kind das vor dem himmel steht ein Kind das immer weiter fragt und jede neue antwort zu einer neuen frage verdreht was ist hinter dem blau und was ist über dem blau ... und wo ist gott fragt das kind in der wolke"

So poetisch imponiert nicht nur eine Ihrer 24 Strophen.

Neben ihr gibt es Strophen, die abstrakte Bilder von Gerhard Richter zu schildern scheinen:

„dunkelgrau mit hellen rändern hellgrau gelblich weiß dann blau ohne dunkelgrau"

Strophen, die den Himmel dramaturgisch inszenieren:

„ist es ein albtraum eine vorahnung von zerstörung"

Oder ein Theaterspiel:

„nur noch spuren gibt es von diesem rot das laut auftrat nun nicht mehr ist"

Die Strophen „mots trouvés" erinnern an das Objet trouvé', einen eher profanen Gegenstand, der zum Kunstwerk wird, indem er die Aufmerksamkeit eines Künstlers „findet", der ihn gestaltet und verändert oder einfach nur zum Kunstobjekt erklärt.

Die Wolken sind alltäglich, aber nie profan, immer haben sie die Fantasie und Assoziativkraft der Menschen geweckt und befördert. Allein die Namensgebungen sowohl im Lateinischen als auch im Deutschen zeugen davon:

cirrus = die Haarlocke

cumulus = der Haufen, das Übermaß, der Gipfel

stratus = die Decke, der Teppich

Sie, als Autorin überreichen uns ein ganzes Bouquet dieser bildreichen Wortschöpfungen, in denen sich Natur, Fantasie und Poesie symbiotisch vereinen:

„cirrus federwolke

cirrocumulus kleine schäfchenwolke

cirrostratus hohe schleierwolke

altocumulus große Schäfchenwolke

altostratus mittelhohe Schichtwolke"

Insgesamt zeichnen sich sämtliche Strophen Ihres Gedichtes durch die gekonnt bildhafte Sprachkunst, die elegante Ausdrucksweise und den treffsicheren Umgang mit aussagekräftigen Adjektiven und Verben aus.

Eindrücklich wird das Geschehen am Himmel beschrieben:

„behende schwebend, frontal geballt und massig, zerfasert, aufblauen"

Wiederholungen lassen die Worte rhythmisch fließen:

„wie ein phantom seiner selbst gleicht es sich dem blau an dem blau dem blau" oder „aber ach aber ach was nur was"

Unsere existentiellen Fragen nach dem Sein scheinen an den offenen, unendlichen Himmel gewandt:

„und wenn da nichts ist außer dem tiefblauen blau ... war es eine täuschung oder nichts"

Für Bertolt Brecht ist die vergehende weiße Wolke die Erinnerung an eine vergangene Liebe.

Und für Caspar David Friedrich war das Malen des Himmels Gottesdienst.

Ihnen, Frau Heinemann, ist es mustergültig gelungen die Leserin/den Leser mit einem harmonischen Gleichklang zwischen dem inhaltlich Beschriebenen und der sprachlichen Form zu berühren und so ist Ihr Text auch für uns vom Himmlischen. Er hat uns nicht nur flüchtig berührt.

2. Cafe Zero

Lieber Herr Arno Kleinebeckel, am 31.10.2022, wurde in Berlin eine Radfahrerin von einem Betonmischer überfahren und sie überlebte den tragischen Unfall nicht. Ein tiefgreifendes und lebensveränderndes Trauma für ihre Zwillingsschwester.

In Ihrer, heute preisgekrönten Liebesgeschichte, schildern Sie uns ein eben solches Trauma.

Jess wird überfahren. „Man fand sie neben ihrem vollständig zerstörten Rad. Niemand war Zeuge."

Ihr Freund ist zerstört, traumatisiert. Er erzählt uns als erzählendes und erlebendes Ich diese eigene Geschichte.

Retrospektiv reflektierend, verzweifelt, trauernd, grübelnd und sinnsuchend. Die gesamte Identität seines Ichs ist von der Traumatisierung gezeichnet und überlagert.

Auf den ersten Blick glaubt man verschiedene Erzählebenen zu erkennen:

- Die Erlebnisse mit Jess

- Der Unfall

- Die Flucht oder Fahrt in die Niederlande

- Die Rückkehr

- Die Gedanken, Reflexionen und Sinnsuche

All diese Ebenen sind jedoch nur Elemente und Episoden im übergeordneten und bestimmenden Thema der Traumabewältigung:

Die schmerzliche Erinnerung an Jess: „Alles an ihr war Klasse, so, wie sie dastand. Das Weiß ihrer Zähne..., das grüne Augenpaar..., die bombastische Textur ihrer Haut... Immer leicht provokant. Ich war ein Biedermann mit einer Geliebten."

Dann der Tag, an dem sie nicht erreichbar ist.

Das erzählende Ich ist verloren, dissoziiert:

„Endlich werde ich mich los, den gewöhnlichen Menschen ... Ich komme aus dem Nichts. Wo wollte ich hin?"

Albträume wiederholen sich:

„Ich taste im Traum vergeblich nach ihrer Hand."

„Mein Kopf spielt schon eine ganze Weile verrückt. Nervig, die Aussetzer, bei dem Versuch, alles auf die Reihe zu kriegen."

Das Ich ist teilnahmslos, es ist nicht mehr vorhanden.

„Meine Zeit ist keine Zeit. Ich komme aus dem Nichts.

Leben, Leben, du übles Pfandhaus."

Eine nächtliche Autofahrt, allein in einem angejahrten Mustang Coupe, über Köln und Aachen in die Niederlande, als Ablenkung und Therapie:

„Ich döse im fünften Gang. Geruhsames Motorengrummeln ... Die Leichtigkeit des Fahrens."

Dann wieder zu Hause: „Meine Knochen waren wie Blei. Ich fiel auf mein Lager ..., hüllte mich ins Laken... Ich taste im Traum vergeblich nach ihrer Hand."

Und dazwischen immer wieder Kommentare, Erklärungen, Reflexionen:

„Was heißt das: Vergebung? Ist uns alles vergeben? Die Strafe im Paradies ... Da, im Innenraum der Ewigkeit ... Endlich werde ich mich los, den gewöhnlichen Menschen."

Die Sprache besticht durch ihre plastisch deskriptive Präzision und emotionale Intensität, ihre literarische Stimmigkeit und szenische Prägnanz. Zuweilen gestattet sie sich auch einen Hauch von Salopperie, bleibt dabei aber ausdrucksstark und bildlich treffsicher:

„Bin ich eine verwunschene Seele, gepflanzt an versiegenden Wasserbächen? ... Allein in meinem angejahrten Mustang Coupe, vier Liter, auf der A4."

Die Tempora des Erzählens wechseln zwischen Imperfekt und Präsens, jeweils den Zeitperspektiven entsprechend.

Durch die unterschiedlichen Erzählsequenzen und Erzählebenen ist der Text tiefsinnig, ergreifend und von brillanter bildlicher Darstellungskraft. Er vermittelt ein umfassendes Bild des Inneren und Äußeren des Erzählers und erweckt bei der Leserin/dem Leser eine spürbare emotionale Betroffenheit und aufrichtige Empathie. Eine Distanz zum Gelesenen will sich gar nicht erst einstellen. Die eindrucksvoll beschriebene Gedankenwelt und die prägnant formulierten Reflexionen animieren vielmehr zu einer vertieften und entschleunigten Form des Lesens.

Die detailliert dargestellten Mechanismen und Qualitäten der Traumabewältigung dürften selbst anspruchsvoll psychologisch-wissenschaftlichen Anforderungen genügen.

Und selbstverständlich auch den Kriterien und Erwartungen der Godesberger Literatur-Jury.

3. Schwimmen gehen

Lieber Herr Andreas Lehmann, Sie haben uns eine moderne Liebesgeschichte vorgelegt.

„Wie froh bin ich, dass ich weg bin", mit diesen Worten steigt die Leserin/der Leser unmittelbar in Ihre Erzählung ein. Es ist der gesamte Text, geschrieben auf eine Postkarte, die der Erzähler an seine Partnerin sendet. Keine Anrede, kein abschließender Gruß. „Ein seltsames Gefühl, seine eigene Adresse darauf zu schreiben."

Die Hauptfigur Ihrer Kurzgeschichte, er genannt, fühlt sich ausgebrannt, einsam und unverstanden.

Er verreist allein ans Meer. Ausgerechnet an jenen Ort, den er mit seiner Partnerin schon so oft besucht hatte, und den sie, und nicht er, so liebte. „Er hatte nie begriffen, was sie an diesem Wetter so liebte. Kälte, Nässe, Peitschenhiebe."

In der Partnerschaft beklagte sie seine Kälte und Rohheit, „aber hier hatte sie sich immer wieder mit Genuss einer Feindseligkeit ausgesetzt." Seine Ernsthaftigkeit und sein Selbstfindungspathos empfand sie dagegen als verschroben. Damit musste er erst einmal fertig werden.

Viele Spaziergänge, auf dem immer gleichen Weg, mit der immer gleichen Melodie im Sinn, einer „hartnäckigen Tonfolge im Kopf, in die er immer wieder verfiel."

Täglich schickt er eine Postkarte mit jeweils einem einzigen Satz an seine Partnerin.

Ob sie ahnt, dass er hier ist? fragt er sich gleichzeitig.

Wiederholt bemerkt er in seinem Stammcafé eine Frau, immer allein und mit stets gleichbleibendem Blick, „der an nichts hängen zu bleiben schien."

„Wenn ich fröhliche Menschen sehe, möchte ich ihnen immer beweisen, dass sie im Irrtum sind."

Sie spricht ihn an auf ein kleines Büchlein: „Was schreiben Sie da auf?" „Nichts. Das ist nur ... Naja, ich nenne es mein Lebensbuch. Ich notiere bloß ein paar Ideen. Was ich habe, was mir fehlt, was ich will. Pläne, Resümees, solches Zeug."

„Er legte beide Hände auf das Buch, wie um es zu schützen. Doch es gab nichts zu schützen, nur unberührte Seiten."

„Ist das ein Plan oder ein Resümee?" „Mir fällt nicht allzu viel ein gerade. Deswegen das Buch."

Zurück in seiner Pension versucht er, die Begegnung mit der Frau in seinem Buch festzuhalten, aber jegliche Erinnerung war erloschen.

So unternimmt er erst einmal nichts, keine Postkarte, keinen Spaziergang.

Erst, als das Wetter sich wieder zu verschlechtern begann, machte er sich erneut auf den Weg, verzichtete jetzt aber auf sein Buch. Auch auf der täglichen Postkarte vermerkte er kein Wort mehr.

„Was immer er in den letzten Tagen zu formulieren suchte, war zu einem Nichts zerstoben. Hätte er seine Gedanken aufgeschrieben, wären sie starre Ansätze geblieben. Bauruinen, in denen niemand würde leben können."

„Und Sie?", fragte er die Frau. „Machen Sie hier Urlaub?"

Sie lachte zum allerersten Mal.

„Vielleicht sollte er sie einladen und alles mitschreiben, das sie von sich gab. Auch ihr Schweigen."

„Heute Abend", sagte er. „Bei mir?"

Die Einladung zum Abendessen verläuft ergebnislos, die Frau erscheint nicht. Seine Enttäuschung ertränkt er in Alkohol und wagt sich schließlich in der Dunkelheit hinaus aufs Meer. Am nächsten Morgen: Kopfschmerzen, Halsschmerzen, ein schwerer Druck auf der Brust.

„Ich lebe", immer wieder formuliert er den Gedanken, um ihn aber aufzuschreiben, fehlen ihm die passenden Worte. „Auf dem Papier hätte es nach so viel weniger ausgesehen, als es tatsächlich war."

In das Café ging er am Nachmittag. Er wollte sich aussprechen mit der Frau. (hier erscheint zum ersten Mal sein Name „Peters"). Als er aus der Toilette kommt, hört er Veras Stimme, die Stimme seiner Partnerin. „Er blieb stehen, hörte auf zu atmen." Sie sitzt an einem der Tische und blättert in seinem leeren Tagebuch. Peters ist froh, dass er nichts aufgeschrieben hat, um ihr seine wirren Gedanken nicht zu offenbaren. Dann aber begreift er, dass sie das Buch tatsächlich liest. „Die Lippen leicht geöffnet, die Augen immer nervöser über die Seiten huschend."

Sie schaut in sein Inneres, zum ersten Mal.

„Peters holte Luft wie jemand, der nach langer Zeit aus

dem Wasser auftaucht. Wie froh ich bin."

Eine Liebesgeschichte, unsentimental und wirklichkeitsnah, bisweilen irritierend, spannungsvoll bis dramatisch, illusionslos und am Ende doch hoffnungsvoll. Der orientierungslose und verunsicherte Seelenzustand einfühlsam und gekonnt in Bilder gefasst. Eingängig und gefühlvoll wie auch die Naturbeschreibungen der weitläufigen Wattlandschaft.

Ein Beziehungsdrama. Sie, als bevormundend und herabwürdigend dargestellt, er, ambivalent zwischen Trotzreaktion, Verlustangst und emotionaler Verbundenheit taumelnd. Den eigenen Gemütszustand in klare Worte zu fassen, fehlt es ihm an Distanz, Struktur und Ausdrucksvermögen.

Das Lebensbuch als trügerische Hoffnung, seiner Gefühlswelt und seiner Ängste gewahr zu werden und zu einem analytischen Resümee zu befähigen.

Das leere Buch dann aber doch als nonverbales Kommunikationsmittel, das letztlich zum Verstehen seines Inneren durch die Partnerin beiträgt. Eine vorher fehlende „Liebessprache", verständlicher und verbindender als ein rationales Resümee.

Der Schluss offen, aber unerwartet. Zum ersten Mal fühlt sich Peters angenommen, erleichtert.

Leere Seiten in unserem Leben sind eine Chance auf eine neue Zukunft. Nur das Unbeschriebene ist frei vom Ballast des Vergangenen und wirklich offen für das Neue. Auch gilt es, „leere Seiten" lesen zu können, Ungesagtes, Ungeschriebenes und auch ein Schweigen verstehen und respektieren zu können. Ebenso uns bewusst zu werden, dass unsere Emotion keinem Wertekanon folgt und vielfach ungestüm, unreflektiert und ungerecht ist. So manches in uns sollte besser in unserem Inneren verbleiben.

„Jeder Mensch hat drei Leben: ein öffentliches, ein privates und ein geheimes" sagt Gabriel García Márquez.

Und Max Frisch schreibt 1946 in seinem berühmten Text „Du sollst dir kein Bildnis machen" :

Es ist bemerkenswert, dass wir gerade von dem Menschen, den wir lieben, am mindesten aussagen können, wie er sei. Wir lieben ihn einfach. Eben darin besteht ja die Liebe, das Wunderbare an der Liebe, dass sie uns in der Schwebe des Lebendigen hält, in der Bereitschaft, einem Menschen zu folgen in allen seinen möglichen Entfaltungen. Wir wissen, dass jeder Mensch, wenn man ihn liebt, sich wie verwandelt fühlt, wie entfaltet, und dass auch dem Liebenden sich alles entfaltet, das Nächste, das lange Bekannte. Vieles sieht er wie zum ersten Male. Die Liebe befreit es aus jeglichem Bildnis. Das ist das Erregende, das Abenteuerliche, das eigentlich Spannende, dass wir mit den Menschen, die wir lieben, nicht fertigwerden; weil wir sie lieben, solang wir sie lieben. Man höre bloß die Dichter, wenn sie lieben; sie tappen nach Vergleichen, als wären sie betrunken, sie greifen nach allen Dingen im All, nach Blumen und Tieren, nach Wolken, nach Sternen und Meeren. Warum? So wie das All, wie Gottes unerschöpfliche Geräumigkeit, schrankenlos, alles möglichen voll, aller Geheimnisse voll, unfassbar ist der Mensch, den man liebt – Nur die Liebe erträgt ihn so.

4. Mein Herz ist müde

Lieber Herr Mylow,

selbst unter 850 Texten ist es nicht schwer, einen Daniel Mylow zu identifizieren.

Nach Ihrem im Jahre 2018 preisgekrönten Text über Friedrich Waiblinger, lenken Sie nun unsere Aufmerksamkeit auf die Dichterin Luise Brachmann, die 1777 in Rochlitz geboren und 1822 durch einen Selbstmord in Halle an der Saale verstorben ist.

„Niemand wird aus meiner Brust die Toten räumen", schreibt Marina Zwetajewa. Nachdem ich Ihren Text gelesen habe, werde auch ich Luise Brachmann niemals vergessen.

Um uns Luise Brachmann näherzubringen, haben sie eine bemerkenswert gelungene Kombination aus einer Rahmenerzählung in Ich-Form mit einer biographischen Binnenerzählung geschaffen.

In der Rahmenerzählung schildert uns ein Student von seinem Promotionsvorhaben, das er seiner Professorin in Exposéform darlegen soll. Es geht um die Dichterin Luise Brachmann und ihre Bewertung in der Literaturgeschichte.

In der Binnenerzählung schildern Sie uns dann anschaulich, poetisch und ergreifend das Leben der Luise Brachmann:

Luise Brachmann wird 1777 im sächsischen Rochlitz geboren. Die Mutter, eine gebildete Pfarrerstochter, unterrichtet ihre Kinder selbst. Der Vater, ein Kreissekretär, wird beruflich mehrfach versetzt, so dass die Familie schließlich 1787 nach Weißenfels an der Saale kommt. Auch die Familie von Hardenberg war bereits ein Jahr zuvor dorthin gezogen. Die Mütter Brachmann und von Hardenberg waren Freundinnen aus der Schulzeit und so entwickelten sich unter den

Kindern Friedrich von Hardenberg und Friedrich Brachmann sowie zwischen Sidonie von Hardenberg und Luise Brachmann herzliche Freundschaften. Friedrich von Hardenberg, besser bekannt unter seinem Pseudonym Novalis, unterstützt die ersten poetischen Versuche Luises und stellt sie Friedrich Schiller vor. Dieser veröffentlicht einige ihrer Gedichte in seinen Literaturzeitschriften „Die Horen" bzw. im „Musen-Almanach". Luises Leben verläuft zunächst behütet und unbekümmert.

Ihr erster Gedichtband, veröffentlicht 1808, offenbart im Gedicht „Der Glaube" jedoch schon die Vorahnung auf die kommende Tragik und auf ihr unheilbares, seelisches Leiden:

„Und glänzt auch nach dem Kampf auf Erden,

Mir keiner Zukunft Morgenlicht,

Dies Herz, vernichtet kann es werden,

Doch Euch entsagen kann es nicht."

1800 begeht sie ihren ersten Selbstmordversuch wegen einer vermeintlichen Ehrverletzung, dann in kurzer Folge der Tod von

Novalis` Freundin, von Novalis selbst (1801), von Sidonie, ihrer Schwester Amalie, ihrer Mutter (1802) und schließlich auch des Vaters (1804).

„Ich bin allein am öden Ziele,

Die Sterne schauen kalt herab,

Der Nachtgefährten hab ich viele,

Doch alle schweigen wie das Grab."

Nahezu allein muss Luise die Invasion der napoleonischen Heere in ihre Heimat erleben: Krieg, Schlachten, Lazarette und Tod, dazu Misstrauen, Denunziationen und Verhaftungen prägen die Zeit.

Auch ihr Privates bleibt unglücklich, Liebschaften führen immer wieder zu Enttäuschungen und Unglücklichsein:

„Einige von ihnen ehrten mich durch den Antrag ihrer Hand; -aber- und hier war der erste Abweg vom rechten Pfade - ich hörte weniger auf die Stimme meines Gefühls, das sich wohl zu einem oder dem andern biedern, liebenden Jünglinge hingeneigt, als auf meine Fantasie, die in Idealen von Vollkommenheit..."

Gleichwohl steht ihr Name als einer der wenigen dichtenden Frauen in den seinerzeit so beliebten Almanachen und Literaturzeitschriften. Gleichrangig steht ihr Name neben Goethe, Schiller, Seume, Fouqué, Schlegel, Arndt und E.T.A. Hoffmann.

Wohlstand und Glück indes findet sie nicht. Prof Schütz, der sie 20 Jahre lang kannte, schreibt:

„Sie war die Liebe, Güte und Milde selbst ... Einfach, natürlich und sittig, wie ihr ganzes, von Ziererei so völlig entferntes Wesen, war auch ihr Anstand und ihre, oft bis zur Vernachlässigung putzlose Kleidung ... "

Ihr letztes Gedicht „Der Einsame" schickt sie kurz vor ihrem Tod an den Verleger Kind:

„Du allein, du wirst mich nicht vergessen.

Rief ich. - Aber Dunkel sank herab.

An die Myrthen reihen sich Cypressen,

Und ich fand, - ich fand der Liebe Grab."

Bereits in den Konversationslexika von 1824 findet sich kein Eintrag mehr zu Luise Brachmann.

Anders im hier zu belobigenden Text.

Der Promovierende, der Ich-Erzähler, ist in das Leben der Dichterin versunken. Er lebt mit ihr.

„Ihre Verse haben sich in mein Gedächtnis gezeichnet ... Ihre Verse sind immer da ... Ein anderes Mal kann ich sie hören in der Silhouette einer Wolke. Sie sind überall ..."

All dies schreiben Sie, lieber Herr Mylow, in einer Sprache, die es heute kaum noch gibt: würdevoll und ästhetisch, authentisch im Stil der Epoche, bildreich und mit unverwechselbar klassischer Akzentuierung.

Im Namen von Luise Brachmann bedanken wir uns für die äußerst bereichernde Wiederentdeckung einer außergewöhnlichen Dichterin.

5. Krieg & Frieden

Lieber Herr Peters,

der zweite Weltkrieg, der von Deutschland ausgehende Vernichtungs- und Eroberungskrieg in Europa und Nordafrika forderte mehr als 44 Millionen Menschenleben, darunter allein 8 Millionen Ukrainer. Soldaten, Zivilisten, Frauen und Kinder. 400.000 wurden aus ethnischen und politischen Gründen in die Konzentrationslager verschleppt und 2,4 Millionen als Zwangsarbeiter ihrer Heimat entrissen und in deutschen Wirtschaftsbetrieben ausgebeutet. Der Anteil der ermordeten ukrainischen Juden wird auf 1,5 bis 2 Millionen geschätzt. Das gesamte Gebiet der Ukraine, das zwischen 1939 und 1944 von der Wehrmacht okkupiert war, wurde verwüstet: Städte, Dörfer, Fabriken, Straßen und Eisenbahnlinien.

„Die Forderung, dass Auschwitz nicht noch einmal sei, ist die allererste an Erziehung. Sie geht so sehr jeglicher anderen voraus, dass ich weder glaube, sie begründen zu müssen noch zu sollen", schreibt Theodor W. Adorno.

Leider hat sich diese Forderung nicht erfüllt und wir erleben aktuell einen barbarisch menschenverachtenden Krieg in der Ukraine.

Täglich berichten Politiker und die Presse.

Zu deren phraseologischer Rhetorik bemerkt Michael Hamburger, dass es eine Tatsache sei, dass die Dichter mit ihrer Ansicht über den zweiten Weltkrieg recht, und dass die Politiker und die Presse mit der ihrigen unrecht hatten. In dieser Weise sei der poetische Weg immer als Gegendiskurs zum politischen Weg zu verstehen.

Michael Hamburger wurde 1924 als Sohn jüdischer Eltern geboren. In den dreißiger Jahren flüchtete die Familie von Berlin nach England. Hamburgers dichterisches Werk schöpft aus der deutschen Literaturtradition, deren herausragender und vielfach preisgekrönter Übersetzer er wurde: Hölderlin, Goethe, Rilke sowie die Modernen seiner Generation.

Auch wenn Dichter keinen Krieg verhindern können, so haben sie doch einen großen Wert. Im Gegensatz zur Presse und Politik richten sie ihren Blick auf das menschliche Leid von Soldaten und Zivilbevölkerung, geben den Ängsten, der Verzweiflung, den seelischen und körperlichen Verwundungen sowie dem einsamen und grausamen Sterben eine Sprache. Den Getöteten, den Kindern und allen, deren Leiden sich in unhörbarer Stille vollzieht, gehört ihre Stimme.

Dichter zeichnen, seit den Geschehnissen des zweiten Weltkriegs und im Angesicht der nuklearen Apokalypse, den Krieg mehr denn je als die große Bedrohung für die menschliche Existenz, deren Ethos, Kultur und Zivilisation.

Wallace Stevens schreibt:

„Dichtung steigert das Gefühl für die Realität."

Und Dan Pagis, ein israelischer Lyriker schreibt:

„Nein, nein. Es waren bestimmt Menschen.

Die Uniformen, die Stiefel.

Wie soll ich das erklären?

Sie waren Geschöpfe ihm zu Bilde.

Ich war ein Schatten.

Ich hatte einen anderen Schöpfer."

Sie, lieber Andrej Peters, haben in beeindruckender Weise für das Unsagbare im russischen Angriffskrieg Worte gefunden. Es sind Appelle, Worte des Gedenkens, des Mitgefühls, der Verzweiflung und Trauer. Auch ironisch bittere Worte. Ihre Gedichte erschüttern, verstören, ergreifen und lassen uns verstummen.

Ob es um Demonstrationen in Moskau geht, die Kriegserklärung Russlands, den einsamen Tod der Soldaten, um das Leid der Zivilisten, um Pyrrhussiege, um Butscha, um russische Mütter oder um Winnyzja.

Der erschütternde Inhalt Ihrer expressionistischen Gedichte wird durch eine wirkmächtige Kohärenz von Versform und Aussage vertieft.

So nutzen sie vielfältige lyrische Stilmittel. Fragmentarisch verkürzte Sätze sowie weggelassene Worte und Satzteile unterstreichen den zerstörerischen Charakter des Krieges. Das Zertrümmern, Zerreißen, Zerschlagen und Zerbrechen ist sein Geschäft, beständig und pausenlos. Er hinterlässt nur Bruchstücke, Trümmer und Fragmente.

„eine hochschwangere Frau auf der Treppe. Schutt, Scherben der Geburtsklinik in Mariupol. im gepunkteten Jogginganzug …"

Verschachtelte, lange Sätze und Zeilensprünge verweisen

auf das unfassbare Leid, das nicht endet:

„Jablunskastraße. fahre ich weiter, komme ich auf mlechnyy put, sang mychailo oder myschka, der mann auf dem fahrrad & olexander, sein freund, unterwegs, den verletzten vater in irpin zu besuchen"

Fragen an Pyrrhus und an den Fürsten Wladimir: entlarvende Ironie und Bitterkeit als Fragestellung an die Verantwortlichen:

„Was hast du nach deinen nächsten Eroberungen vor, könig pyrrhus?" ... „was hast du nach deiner militärischen eroberung vor, fürst wladimir? ..."

Der Refrain „Können engel auf minen treten?" treibt die Ironie auf die Spitze. Absurdität und Grauen des Krieges widergespiegelt in einer kurzen, kindlich naiv anmutenden Frage.

Und überhaupt, was macht der Krieg mit unseren Kindern? Deren Eigenart in allen Dingen ein beseeltes Wesen zu sehen, macht auch vor todbringenden Raketen nicht halt. Eine nachhaltige Befähigung zur Vertrauensbildung kann sich in diesem Umfeld nicht entwickeln.

Angesichts des thematisierten Schreckens verzichten Sie auf jedes reimende Sprachspiel, Ihre Sprache ist metaphorisch und unbeschönigt. Überraschend ist das Spiel mit der Mehrdeutigkeit

deutscher Worte und Redewendungen. In dem Gedicht „Kriegserklärung" ist die Mehrdeutigkeit des Verbs, „erklären" zentral. Vorangestellt sind die Initialzeilen des Antikriegsgedichts „Alle Tage" von Ingeborg Bachmann:

„Der Krieg wird nicht mehr erklärt, sondern fortgesetzt."

„Russland erklärte der ukraine den krieg

Die ukrainer glaubten es nicht

Die russen erklärten den ukrainern den krieg

Ukraine sprach von provokationen

Russland erklärte ukraine den krieg

Somit blieb russland der ukraine keine erklärung mehr schuldig nach dem krieg- oder?"

Christian Morgensterns Gedicht „Die weggeworfene Flinte" aus „Palmström" inspirierte sie zu einer metaphorischen Darstellung der ukrainischen Geschichte im Gedicht „Flinte im Korn". Was könnte deren Historie treffender symbolisieren als die Flinte und das Korn. Die endlosen Kornfelder auf den fruchtbaren Böden der Ukaine sind gar Gegenstand der Nationalflagge, in der sich der blaue Himmel über den gelben Weizenfeldern ausbreitet. Und die Flinte als Sinnbild für Jahrhunderte währende Kriege, Fremd- und Gewaltherrschaften. Die Begriffe Flinte und Korn verdichten sich in der Wortschöpfung „Visierkorn" (Kimme und Korn) und die Erntesichel allegorisiert die sowjetische Unterdrückung unter Hammer und Sichel.

Auf die Frage: „Welchen Sinn hat die Dichtung?", antwortete der ukrainische Dichter Zerhij Zhadan:

„Schreiben über das, was alle längst wissen.

Reden über Sachen, die uns genommen wurden,

unsere Enttäuschungen zum Klingen bringen.

So reden, dass wir Wut und Liebe

Neid, Hass und Mitleid erregen.

Reden unter dem Mond, der über uns

steht und uns bedrängt

Mit seinem gelben Widerhall."

Auch Ihre Gedichte, lieber Herr Peters, erzeugen Widerhall und Resonanz. Und maximale Resonanz ist das Resultat sich Phasen gleich begegnender Schwingungen. Und, seien Sie versichert, unsere Schwingungen bewegen sich im Takt Ihrer bedrückend schonungslosen Verse.

Zur jüngeren Geschichte der Ukraine:

1918, mit dem Ende des ersten Weltkriegs, wurden weitläufige Gebiete Europas einer neuen politischen Ordnung unterworfen. In Osteuropa gliederte sich auf den Trümmern des Habsburger Imperiums sowie des Zarenreiches eine ganze Staatenwelt neu. Für kurze Zeit gab es auch eine unabhängige Volksrepublik Ukraine. Vor dem ersten Weltkrieg waren die Ukrainer die größte slawische Nation ohne eigenes Staatsgebilde. Die Zentral- und Ostukraine war Bestandteil des russisch-dominierten Zarenimperiums und die Westukraine mit Westgalizien und der Bukowina dem österreichisch-ungarischen Vielvölkerstaat angegliedert. Mit dem Sieg der Entente-Mächte im ersten Weltkrieg endete die österreichische Herrschaft über die Westukraine. Die ukrainische Hoffnung, nach Jahrhunderten der Fremdherrschaft, die territoriale und staatliche Selbstständigkeit zu erlangen, erfüllte sich indes nur kurzzeitig. Die militärisch schwache ukrainische Volksrepublik wurde im russischen Bürgerkrieg sowie im Polnisch-Sowjetischen Krieg 1919-1921 zerrieben. Im Frieden von Riga kam Westgalizien im März 1921 zur Republik Polen, ein Jahr später wurde die Ukrainische Sozialistische Sowjetrepublik, Teil der Sowjetunion.

Mit dem Überfall der deutschen Wehrmacht auf die Sowjetunion im Juni 1941, keimte erneut die Hoffnung auf eine unabhängige Ukraine auf, eine Hoffnung, die in der Umklammerung zweier totalitärer Systeme nicht von Dauer sein konnte. Der Ukrainischen Aufständischen Armee (UPA) gelang es dennoch in den Jahren 1945/1946 die westliche Landeshälfte unter ihre Kontrolle zu bringen. Mit dem Geheimabkommen der Sowjetunion, Polens und der Tschechoslowakei, die UPA gemeinsam zu bekämpfen, verlor die UPA seit 1947 dann zunehmend an Schlagkraft und Bedeutung. 1954 wurde sie von Truppen der Sowjetarmee und des Ministeriums für Staatssicherheit endgültig zerschlagen. Mit der Annektierung der ostpolnischen Gebiete, durch die im zweiten Weltkrieg siegreiche Sowjetunion, wurde Westgalizien 1945 wieder in die ukrainische Sowjetrepublik eingegliedert. Ein Prozess, der die Vertreibung von hunderttausenden Polen aus der Ukraine und von hunderttausenden Ukrainern aus Polen zur Folge hatte.

Erst mit dem Zerfall der UdSSR im Jahre 1991 konstituierte sich in der Ukraine ein neuer, souveräner Staat in den Grenzen der zuvor bestehenden Ukrainischen Sozialistischen Sowjetrepublik. An der Nahtstelle zwischen liberaler westlicher Kultur und fundamentalistisch russischer Orthodoxie war die Ukraine über Jahrhunderte ein janusköpfiges Gebilde mit all ihrer Kreativität, Spannung und Widersprüchlichkeit.

Im Abwehrkampf gegen die russische Aggression vom 24.02.2022 wurden die Ukrainer schließlich zu einer geeinten Nation, vereint im Wunsch und Bestreben nach Freiheit, Unabhängigkeit und Rechtsstaatlichkeit.

6. Der Kleine Hauch

Lieber Herr Roland Schulz,

Sie haben uns ein modernes Märchen vorgelegt, ganz im Sinne des jüdischen Religionsphilosophen Martin Buber. „Am Du zum Ich."

Sie erzählen uns die Geschichte des Kleinen Hauchs.

Der Kleine Hauch wird in der Wüste geboren, als Kind rasender Luftikusse.

Er haust einsam im Schatten eines Buschzwerges, hier findet er Deckung und auch sein Grab.

Ängste vor dem Belebten plagen ihn: Menschen, Kamele, der Wüstenfuchs, das Wüstenlicht, die Eisnächte. Jedes kleine Geräusch, jedes wehende Blatt, jedes Hüpfen einer Springmaus erschreckt ihn. Als die Regenzeit kommt, vergisst er zum ersten Mal seine Angst. Er spürt Lebensfreude, Lust und Übermut. Blüten, Wildbienen und all die anderen Himmelsboten lenken ihn ab, machen ihn sorgenfrei. Und als die alte Angst wiederkehrt, lehnt er sich dagegen auf. Er versucht, sie zu verscheuchen mit Windgeistern und Kapriolen. Aber er schafft es nicht.

Die Furcht kehrt zurück. Sie verkriecht sich und nistet sich ein. Auch Tiere wie die Eidechse, der Vogel oder die Hyäne können ihm nicht helfen. Eines Tages aber richten sich warme, müde Augen auf ihn. Er zuckt, der Kleine Hauch entwickelt dann aber doch Vertrauen. Eine alte Frau, eine Heilerin, ist unterwegs, um eine Zauberwurzel für Kito, einen kranken Jungen, zu suchen. Der Kleine Hauch beschließt, sie durch die Wüste zu begleiten. Er kühlt ihren Kopf, ihre Arme. „Sprich, was fürchtest Du?", fragt sie ihn.

„Nur wenn Du anderen begegnest, Dich öffnest, kannst du Dich selbst finden und öffnen."

Und der Kleine Hauch findet zu sich und er gewinnt zwei Freunde: Kito und die Heilerin. Seine Ängstlichkeit verfliegt zunehmend.

Mit vier anderen Windgeistern bestürmt er schließlich als großer Windgeist die gesamte Welt. Das Bewusstsein des Kleinen Hauch, wer er ist und wie seine Bestimmung in der Welt ist, entwickelt und formt sich in der Beziehung und Interaktion zur Heilerin und zu Kito.

So lebt auch der Kleine Hauch, wie Martin Buber es beschreibt, aus dem Ich-Du Verhältnis. Er findet zum Ich, indem er von einem Du adressiert, beflügelt und angenommen wird. Annäherung, Emotion, Sprache und Kommunikation sind die fundamentalen Mittel der Ich-Du Beziehung. Die Heilerin lehrt den Kleinen Hauch, sie gibt ihm das Gefühl, dass er gebraucht wird und lässt ihn daran wachsen. Sie bestärkt ihn emotional und mental.

Im Vergleich zu den Volksmärchen, sind hier die Hauptakteure und deren Gefühlswelt detailliert beschrieben.

„Kaum zu atmen, wagte er unter seinem schütteren Busch, durfte keinesfalls von einem bedächtig tastenden Strahlen entdeckt, von kalten Fingern befühlt, verraten werden."

„Eine Frau, in müder Eile. Fiel erschöpft in Sand, suchte Atem in dornigen Schatten. Schloss die Augen, wurde ruhig, zuckte zusammen vor Angst, abgrundtief, die hier zu Hause war. Die Furchtlose aber rappelte sich auf, blickte sich um, verweilte in braunen Augen."

Eine Vielzahl von Metaphern vermittelt ein lebhaftes, anschauliches Bild vor dem inneren Auge des Lesers: „windgekanteter Sand, Buschzwerg, gewittergeboren, Eisnächte, Wüstenhimmel,

Sandwelt, Regenwucht, Wüsten-Einmaleins, Traumtoben, schüchterner Morgendämmer, klägliche Lederblätter"

Die Sprache lässt das Umgangssprachliche weit hinter sich und schafft eine empfindsame, farbige Welt des Imaginären:

„Geboren wurde der Kleine Lufthauch irgendwo in der großen Wüste Afrikas. Irgendwann. Niemand, der Buch geführt hätte. Wirbelndes Kind rasender Luftikusse."

Auch die dunkle Seite der menschlichen Psyche findet ihre Abbildung und schließt den Spannungsbogen, in dem sich der Hauptakteur des Märchens bewegt:

„Lächelnd, die überwunden Geglaubte, packte ihn mit kalten Krallen, warf ihn zurück, in seine alte Angst."

Anleihen aus dem Animismus werden genommen. Die beseelte Wolke, ein Baum und der Wind zeigen sich einem Wesen gleich und unserer rationalen Welt entrückt:

„gleichgültiger Dornbusch ..., Angst würgte mit unsichtbaren Krallen ..., einzelne Wolken verbünden sich ..., Bäche jagen als hungriger Strom ..."

Kunstmärchen sind bereits aus der Antike (Amor und Psyche) überliefert. Die ältesten neuzeitliche Kunstmärchen gehen auf G. F. Straparola in Italien des 16. Jahrhunderts zurück.

C. M. Wieland (1733 - 1813) fand Inspirationen in den französischen Feenmärchen, Vertreter des Genres in der deutschen Romantik waren J. L. Tieck, Novalis, E.T.A. Hoffmann und A. v. Chamisso.

Georg Büchners Kunstmärchen werden dem Frühmärz zugerechnet und Wilhelm Hauff und Hans Christian Andersen der Restaurationsepoche. Für die Neuromantik steht Oscar Wilde.

7. Milch der Träume

Der Titel „The milk of dreams" ist ein poetisches Bild von Leonora Carrington (1917-2011), gleichzeitig der Titel eines Kinderbuches mit surrealen kleinen Geschichten und Zeichnungen. Wilde Kreaturen und magische, hybride Wesen treiben hier ihr Unwesen: ein doppelköpfiger Schnurrbart-Schnurrbart Mann, Kinder, die Spinnen vertilgen und Frauen, die auf dem Kopf stehen.

Die Biennale von Venedig wurde 2022 nach diesem Buch benannt. Durch Imagination, Fantasie, Magie und Surreales wird die harte Realität künstlerisch reflektiert, neu erfunden, schöpferisch bereichert und sinnlich erfahren. Es zeigen sich bisher unbekannte Allianzen zwischen Humanem, Tierischem, Pflanzlichem und Technischem. Leonora Carrington gilt als Vorbild dieser vielfältigen Erzählungen und post humanistischen Symbiosen. Die Themen der Ausstellung zeigen sich facettenreich: Die Wiege der Hexe, Der Orbit des Körpers, Technologien der Verzauberung, Ein Blatt- ein Kürbis- eine Muschel, Die Verführung des Cyborgs.

Imaginationen, Transformationen und Mythologien wirken wohltuend und entspannend gegenüber der harte Faktenwelt und den weltanschaulichen Ideologien. Existentiell fragend, souverän kommentierend und lebensbejahend. Sie sind Schöpfungen von utopischer Fantasie und in steter Verwandlung, dabei unpolitisch, den aktuellen existentiellen Fragen aber stets verbunden.

Auch Venedig ist ein mystisch verklärter, nahezu imaginärer Ort, an dem sich der Verlust metaphysischer Glaubensinhalte, der Vertrauensverlust in die Evidenz des Wissenschaftlichen und der Verlust von Orientierungsmustern zu fokussieren scheinen.

Als führende Seemacht des Hochmittelalters wurde Venedig eines der Einfallstore für die erste schwere Pestepidemie in der Mitte des 14. Jahrhunderts in Europa. Und noch Jahrhunderte nach dem Ende der einst so mächtigen und prachtvollen Seerepublik hadert Venedig nach langer Fremdherrschaft durch die Habsburger mit seinem Bedeutungsverlust und Verfall. In der zweiten Hälfte des 19. Jahrhunderts galt Venedig als „decadence" schlechthin. Sein Entkräftungszustand und seine Ermattung förderten letztlich aber die Zuwendung zum Künstlerischen, zum psychointellektuell Feinsinnigen. In der Kunst oder im Tod wird die triviale Härte des Lebens überwunden. So wurde Venedig zum Symbol von unfassbarer Schönheit und Zerfall gleichermaßen. Heute nagen Wellen und Meeresluft an den Fassaden der Paläste. Es gibt Pracht und morbiden Glanz. Die Aura des Vergänglichen wird in der Stadt nahezu physisch wahrnehmbar.

Sie, lieber Herr Siegmann, erzählen uns in Ihrem großartigen Text auch von Venedig, von Zeitlichkeit, Krankheit und Tod, von Erschöpfung, Erklärungen und Überwindung. „Ich musste die Dämonen suchen. Und den Schatten. Deshalb reiste ich nach Venedig. Wohin auch sonst?"

Warum die Dämonen suchen? Um die Erlebnisse im Kampf gegen Covid-19 auf einer Intensiv-Station zu reaktivieren, zu verarbeiten. „So verfügbar war ich, so nackt, so wehrlos. Sie führten Schläuche ein, schnallten mich fest. Wortlos, verstummt, nichts als Masse, ein Ding, ein Gegenstand. Ich konnte nicht mehr sprechen. Ich war außerstande, das, was geschah, zu beurteilen, geschweige denn zu verstehen, was es bedeutet, nach und nach zu ersticken ... Wesen, die auf mich herabblickten, außerirdisch, fremd."

Und in Venedig, auf dem Gelände der Biennale? „Die Stadt besteht aus ähnlichen Illusionen ... Auf den Deckengemälden mahnen Engel und Madonnen vom Himmel herab ... Wesen, die mich aus einer anderen Zeit anstarren."

Die Erlebnisse auf der Intensivstation zwischen Leben und Tod werden in Venedig wieder lebendig. „Träume, die sich wiederholen, die ich nicht loswurde." Rationale Erklärungen werden gesucht: „Nichts ist sicher. Nirgendwo gibt es 100%. Wir konstruieren die Welt aus Wahrscheinlichkeiten."

Aber dann zeigt sich doch ein Weg: „Liebe durchströmte mich dennoch, ein banales Gefühl, gleichwohl echter als die Geräte …, die bewiesen, dass ein Sieg über den Tod möglich war… als ob es nicht Lebende gab, die tot waren und Tote, die lebten."

Die Liebe als wiederbelebende und den Tod überwindende Kraft. Versinnbildlicht in der erotischen Anziehung zu La Blonda, der Traumfrau, die im Text immer wieder traumgleich in Erscheinung tritt. „Ich liebte ihr blondes Haar, die Augen wie Lapislazuli… Von weitem sehe ich den Schatten, lange Beine, schmale Taille, Haare, die im Modelgang schwingen."

Den letzten Ton hat die Liebe, so kann man sagen. Im Vergleich zu Thomas Manns „Tod in Venedig" steht hier symbolisch erst der Tod und dann die Liebe.

Ihre Erzählung, lieber Herr Siegmann, verläuft nicht linear, sondern Sie erzählen in Abschnitten und Zeitsprüngen, dabei zwischen der Innen- und Außensicht wechselnd. Wechselnd zwischen den Bildern und Erinnerungen des Intensivpatienten und den Betrachtungen und Wahrnehmungen des Gastes in Venedig.

„Vor dem Eingang zum Dogenpalast warte ich … Wesen, die mich aus einer anderen Zeit anstarren … Ich konnte nicht mehr sprechen, wortlos, verstummt, nichts als Masse, ein Ding, ein Gegenstand."

Ihre Sprache zeigt sich dabei ästhetisch und markant, sie ist bildhaft und rhythmisch. So, wie das Licht in Venedig aufblüht und verglüht: „Barrieren. Dahinter die Sonne. Unerreichbar. Frische Luft. Nebel im Frühling. Aus dem Licht ins Dunkel. Aus dem Licht in die Finsternis."

Die Tragik, das Leiden, die Ängste und Gefahren um die Erkrankung sind ebenso hautnah zu verspüren wie die Impressionen, Empfindungen und Gefühle in der Lagunenstadt. „Als ob es ein Fieber gäbe, das allein an diesem Ort existiert. Ich spüre einen Lufthauch, so nahe, dass meine Haut erzittert. Ich entdecke meine Träume in den düsteren Farben der Fresken ..., sehe Schnee- und Feuerlandschaften, das Inferno einer verletzten Landschaft ohne Menschen, den Schrecken des Untergangs, den Himmel, der auf die Erde stürzt."

Die inneren, wie äußeren Erlebnisse helfen die Nahtoderfahrung dem Unterbewussten zu entreißen und am Ende die Sehnsucht nach Liebe und Nähe zu erfüllen.

„Sieben Wochen in Endlosschleife. Traum um Traum. Mehr Wirklichkeit ist von dieser Zeit nicht übrig. Liebe durchströmte mich dennoch, ein banales Gefühl ..., die Roboter in Latex und Plastik ..., die bewiesen, dass nichts vorbei, ein Sieg über den Tod möglich war."

„Ich musste die Dämonen suchen. Und den Schatten. Deshalb reiste ich nach Venedig. Am nächsten Morgen wachte ich im zerwühlten Bett auf und ich weiß, dass ich die Nacht nicht allein verbracht habe. Ein klarer Sonnentag beginnt."

Eine eindrucksvolle Symbolik. Ein offener, bildhaft hoffnungsvoller Schluss.

8. Tränen reichen

„In der Ferne nahmen zwei Windräder

eine Probebohrung im Himmel vor,

Gott hielt den Atem an",

schreibt der Lyriker Jan Wagner. In dieser Metapher kollidiert die menschliche Technikhybris mit dem Gottesgedanken.

Liebe Lelia Strysewske, in Ihrem wirkungs- und bedeutungsvollen Text, einem Drama aus Monologen und Dialogen, Personen- und Szenebeschreibungen, stellen Sie die aus menschlicher Hybris und Blindheit erwachsenden Gefahren durch einen unkontrollierten, technologischen Fortschritt in den Mittelpunkt. Ein schon bei Aristoteles diskutiertes Thema, dem Antagonismus zwischen Natur und Technik. Auch heute, vor dem Hintergrund der Entwicklungen auf dem Gebiet der Künstlichen Intelligenz, eine brisante und hochaktuelle Kontroverse.

Der Text, grotesk überzeichnet, dramatisch und scheinbar kompromisslos ohne Zwischentöne gestaltet. Belebt von nahezu parodistisch anmutenden Dialogen und garniert mit karikaturesker Metaphorik.

Die Natur, verklärend und romantisierend dargestellt durch die Protagonisten Omaka, einer „Frau mit Erde, die an ihren nackten Füßen backt" sowie Leo. „Wange an Wange geneigt, träumen Omaka und Leo ihr zeitloses Gedicht: Von einem Reich, das reicht, das Eigenarten, Unerhörtes, Fremdes in einen Frieden flicht. Euphonie der Vielen. ...alle Schätze dieser Erde schwingen freigesinnt, vereint."

Dann der Widersacher, das Horrorszenarium und Zerstörungspotenzial der Technik, in vermessender Intonation dargestellt und als Wahn, Fürst, Martia, Cybord oder der Absolute bezeichnet.

„Dass ich nicht lache …, teilen wollt ihr und lieben, und das alles in Freiheit und Frieden? … Das gibts nicht … In des Menschen mechanistischem Ordnungsprinzip, das seit dem sechzehnten Jahrhundert mächtig regiert, ist der Raum für jedes Wunder längst zu zementiert … Törichte Hippies und Schwurbler seid ihr, längst obsolet, mit eurem Gefasel von Liebe und Integrität."

Der Antagonismus zwischen Natur und Technik ist hier ergreifend anschaulich und aufregend dargestellt.

Eindrückliche Wortneuschöpfungen unterstreichen die ausdrucksreiche Formulierungskunst: Wangeninnigkeit, allgewaltsames Wissen, Seeleninfekt, Nähebund oder neoterisches Mandat.

Fachausdrücke spielen an auf Wissenschaftsnähe: Euphonie, Prozessmetaphysik, Android, prävaliere.

Nach einer scheinbar kompromisslos unnachgiebigen Auseinandersetzung zwischen der behütenden Natur und der übergriffigen Technik eröffnen sich im Verlauf dann, durch eine zunehmende Schwäche des Technikwahns, doch Anzeichen auf eine kluge Annäherung und einvernehmliche Konfliktlösung.

„Der Wahn. Er schwächelt, er hüstelt und röchelt. Ein grippaler oder ein Seeleninfekt? … Er hechelt, er schluckt, verschluckt Zweifel und Fragwürdigkeit."

Leo und Omaka zeigen sich dagegen entspannt: „Umrankt von einem femininen Flor aus Seelenselbst und wilder Lebenslust, pendelt Leos Kopf aus einer Wangeninnigkeit nach links, nach rechts, entspannt, rückt sich im Zentrum seines Baldachins wonniglich zurecht."

Und wie reagieren Omaka und Leo auf die Schwäche des Technikwahns? „Erzähl von dir und deiner Wissenschaft und wie sie einem Menschen manchmal dient, der um sein Leben ringt."

So endet das emotionale Drama schließlich in kognitiver Vernunft.

Die Grenzziehung zwischen Natur und Technik ist im heutigen Verständnis von Lebensqualität zunehmend unscharf. Unsere westliche Lebenswelt ist ohne das Auto, die elektrischen Haushaltsgeräte, den Laptop oder das Smartphone kaum vorstellbar. Ganz zu schweigen von den Errungenschaften der Medizintechnik und Pharmakologie. Paradigmatisch erscheint der Knopfdruckcharakter, der im Gegensatz zur Komplexität der Funktionsweise steht. So wenig man die Funktionsweise der modernen Technik versteht, so wenig interessiert man sich auch für die wissenschaftlichen Erkenntnisse der biochemischen und physiologischen Vorgänge in der Natur und letztlich in uns selbst. Dies begünstigt eine Entfremdung von Wissenschaft und Technik und erschwert eine sachgerechte Risiko-Nutzenabwägung. Auf der anderen Seite sehen wir eine Verklärung des Natürlichen als das alleinig Wahre, Ursprüngliche und Heilende. Allzu sehr sind Epidemien, Hungersnöte und Perinatal- bzw. Kindersterblichkeitsraten aus unserem kollektiven Gedächtnis verschwunden.

Der bei Aristoteles beschriebene Antagonismus zwischen Natur und Technik besteht weiter fort und passt sich dem Zeitgeschehen stets neu an. Die moderne Digitaltechnik und künstliche Intelligenz, die Quantentechnologie und das waffentechnische Zerstörungspotential scheinen sich zunehmend vom Natürlichen zu entfernen, die Bionik hat sich dagegen der Annäherung an das natürliche Vorbild verschrieben. Hybridanwendungen wie in der Gentechnik bzw. der

Immuntherapeutika und Biologikaentwicklung bestimmen zunehmend den medizinischen Fortschritt.

Unübersehbar ist allerdings das mit der Mächtigkeit des technischen Fortschritts steigende Missbrauchs- und Gefährdungspotential. Nicht zuletzt auch die signifikant wachsende seelische Vereinsamung und emotionale Verarmung als Folge unseres ungezügelten Strebens nach Fortschritt und materieller Habe.

Der zugrundeliegende Konflikt ist folglich von hoher Aktualität, thematisiert anschaulich die seit Menschengedenken bestehende Polarität zwischen Natur und Technik und appelliert zur Reflexion und Verantwortlichkeit.

Und dies gelingt in unterhaltsamer, spannender Form in einer überzeichneten und doch unaufgeregten Dramatik mit scharf konturierter Kontrarietät.

Autorinnen und Autoren

Elke Heinmann, geboren 1961 in Essen. Nach Magisterabschluss und literaturwissenschaftlicher Promotion an der Freien Universität Berlin, Besuch der Henri-Nannen-Schule für Journalismus in Hamburg sowie längeren Aufenthalten in Paris und London lebt sie als Schriftstellerin und Publizistin in Berlin. Sie ist an intermedialen Projekten beteiligt, veröffentlicht Romane, Monografien, Hörspiele, Radio-Features, Kurzprosa, Lyrik, Essays und Feuilletons in Anthologien, Zeitschriften und Zeitungen. Sie ist Mitglied im Verband deutscher Schriftstellerinnen und Schriftsteller (VS) und gehört dem PEN-Zentrum Deutschland an. Sie war Kolumnistin der Frankfurter Allgemeinen Zeitung und Jurorin verschiedener Literaturwettbewerbe in Deutschland, Österreich und Südtirol. Für ihre literarische Arbeit wurde sie mehrfach ausgezeichnet, zuletzt beispielsweise mit dem Literaturpreis Ruhr 2018 für ihr Gesamtwerk und dem Venedig-Stipendium der BKM 2022.

www.elke-heinemann.de

Arno Kleinebeckel (geb. 1951), schreibt Artikel, Essays, Gedichte, Kurzprosa. Nach Studium und Ausbildung (Köln und Hamburg) Redakteur in der Industrie, später für Zeitung und Online tätig. Verfasser von zwei Sachbüchern. Zeitkritische Arbeiten. Lyrik in Anthologien, 2007 Kunstprojekt „wieder ein tag" (Lyrics and Design, mit A. Flach). Auszeichnungen: „Buch der Woche" im WDR-Hörfunk (Historie des rhein. Braunkohlenreviers, 1986); Wettbewerbsauswahl Lyrik (GEDOK Rhein-Main, 1997). 2022 Godesberger Literaturpreis. Verheiratet, lebt im Bergischen Land.

Andreas Lehmann, geboren 1977 in Marburg, Studium der Buchwissenschaft, Komparatistik und Amerikanistik in Mainz, lebt in Leipzig. Veröffentlichung von Lyrik und Prosa in zahlreichen Anthologien und Zeitschriften, u.a. in *Entwürfe für Literatur*, *sprachgebunden*, *Ostragehege* und *Zeno*. Endrundenteilnahme am Open Mike-Wettbewerb der Literaturwerkstatt Berlin 2009 und 2010, Werkstattstipendien der Jürgen-Ponto-Stiftung 2012, der Autorenwerkstatt Prosa des Literarischen Colloquium Berlin 2015 und der Romanwerkstatt im Brechtforum Berlin 2015/2016. Robert Gernhardt Preis 2022. 2022 Godesberger Literaturpreis. Im Herbst 2018 ist der Debütroman »Über Tage«, im Frühjahr 2021 der Roman »Schwarz auf Weiß« und im Frühjahr 2023 der Erzählband »Lebenszeichen« erschienen, alle im Karl Rauch-Verlag, Düsseldorf.

Daniel Mylow, 1964 geb. in Stuttgart, Aufenthalte in Düsseldorf, Hannover, Berlin, Krefeld. Studium in Bonn und Marburg. Ausbildung in Kassel. Oberstufenlehrer in Hof und Wernstein, Marburg, Mainz, seit 2018 an der Freien Waldorfschule in Überlingen/Bodensee. Poesiepädagoge und Dozent für Literatur. Letzte Publikation: *Rotes Moor* (Poetischer Thriller), Cocon Verlag Hanau 2017. *Greisenkind* (Roman) net Verlag Chemnitz 2020. *Wenn du mir folgst ...* (Poetischer Thriller), EinBuch Literaturverlag Leipzig 2022.

Zahlreiche Publikationen von Lyrik und Kurzprosa in Anthologien und Literaturzeitschriften. Diverse Auszeichnungen, zuletzt 2021 Lore Perls Literaturpreis (Verleihung 2022) und Bonner Literaturpreis. Kempener Literaturpreis 2017, Preis der Sparkassenstiftung Groß Gerau 2017, Merck-Stipendiat der Stadt Darmstadt 2018.

Andreas Andrej Peters, Lyriker, Erzähler, Kinderbuchautor und Liedermacher, geboren 1958 in Tscheljabinsk-Ural (UdSSR), studierte

Evangelische Theologie, Philosophie und Krankenpflege in der Schweiz, Gießen und Frankfurt am Main.

Er arbeitete als Pastor und Seelsorger und war seinerzeit diplomierter Gesundheitspfleger in der Neurologischen Uniklinik Salzburg. Mehrere Auszeichnungen, darunter: *Werkstipendium des Deutschen Literaturfonds* (2020/21), *Irseer Pegasus Autorenpreis* (2022), *Arbeitsstipendium des Freistaates Bayern* (2022), Finale beim *Dresdner Lyrikpreis* (Oktober 2022). Bad Godesberger Literaturpreis 2022. Mitglied Salzburger Autorengruppe SAG.

Zuletzt erschienen: *Ein Fest auf unsrer Straße*. Gedichte. edition offenes feld. Dortmund. *Der Stein verneint das Joch des Staubes*. Ossip Mandelstam. Vollständige Neuübersetzung. edition offenes feld. Dortmund. *Hotel zur ewigen Lampe*. Gedichte. Limbus Verlag, Innsbruck. *Finita la Comedia*. Erzählungen. *Verlag* Bibliothek der Provinz, Weitra. *Legion*. Literarische Aufzeichnungen aus einem Irrenhaus. 1940-1947. Erweiterte Neuausgabe. edition offenes feld, Dortmund.

Roland Schulz, geboren 1960, hat in Freiburg zwei Träume gelebt: Forstwissenschaften studiert und seine Frau Marina kennengelernt. Gemeinsam sind sie 1993 nach Brandenburg in ein Dorf gezogen, mit Katzen, Hund und Esel, haben das pure ländliche Leben an der Schwelle zwischen einem vergehenden und einem neuen Land kennengelernt: Feuerwehr, Vereine, Feiern, Alltag und Nachbarschaft. 2000 hat Schulz in Berlin seine Ausbildung zum Journalisten abgeschlossen. Seitdem arbeitet er als freier Journalist. Geschichten finden ihn verstärkt seit 2010. Bei einem der geliebten Waldbesuche, an einer fast vergessenen Badestelle an einem uckermärkischen See, im weiten wilden Garten, manchmal im Schlaf. Dann müssen sie nur noch aufgeschrieben werden ... Immer geht es dabei um Freundschaft, Hoffnung, schwierige Situationen, Lebensmut. Immer dabei ist Aldous Huxley, der einmal sinngemäß sagte: Es gibt Dinge die wir kennen und Dinge die wir nicht kennen. Dazwischen sind Türen. Die Schulz gerne öffnet, manchmal einen Spalt, manchmal ganz weit. Mit diesen Geschichten hat er 2016 den Uckermärkischen Literaturpreis, 2019 den Preis des Potsdamer Hans-Otto-Theaters, 2023 den Publikums- und Mundartpreis beim Fränkischen Kurzgeschichtenwettbewerb sowie 2022 den Godesberger Literaturpreis gewonnen. Zudem ist er Autor mehrerer Bücher zum Grumsin, seinem Lieblingswald, und über den Stolper Turm, einen 800 Jahre zählenden Ziegelriesen in der Nachbarschaft.

Rolf Karl Siegmann, geboren in der süddeutschen Provinz. Lebensmittelpunkt im Rhein-Main-Gebiet. Er schreibt über Themen, die ihn bewegen, über nahe und ferne Welten, sucht den Rhythmus in der Sprache und Bildhaftigkeit. Seit einiger Zeit veröffentlich er Kurzgeschichten und arbeitet aktuell an einem Romanprojekt. Erste Erfolge konnten seine Texte 2018/19 bei verschiedenen Kurzgeschichtenwettbewerben erzielen.

Im Juni 2019 war „Volodjas Träumerei" (erzählt die Geschichte von Vladimir Horowitz und seiner Tochter) anlässlich des Jubiläums der Münchner Philharmoniker bei einem *Hörgang* in München vertreten. Im Dezember 2020 wurde die Kurzgeschichte „Der Zauberer in Stockholm" über das Verhältnis von Thomas zu seinem Sohn Klaus Mann im Rahmen des Finales des Deutschen Kurzgeschichtenwettbewerbs in München präsentiert. 2021 hat er den 1.Preis beim Hauptwettbewerb des Stockstädter Literaturwettbewerbs sowie einen 3. Preis bei der Sonderausschreibung zu Corona desselben Veranstalters erhalten. 2022 dann der Godesberger Literaturpreis.

Lelia Strysewske, Löwin, in den 60er Jahren in Wolfsburg geboren, träumte früh von vielen Un-Möglichkeiten. In den 80ern wanderte sie nach Australien aus, reiste, forschte, studierte Psychologie, Philosophie, Pädagogik, Literaturwissenschaften und Literaturkritik. Zurück in Deutschland wurde sie Tanztherapeutin und Psychotherapeutin in eigener Praxis. Sie ist Yogalehrerin und stetig Lernende. Sie tanzt und schreibt. Lyrik, Geschichten, Romane. Lesungen und multimediale Performances durchweben ihr Leben. Sie ist Initiatorin und Mitglied verschiedener Künstlergruppen, hat kleine Preise gewonnen, veröffentlichte 2019 mit dem Ganymed Verlag ihr Buch *Leben nichts als Lieben*. Sie fühlt sich geehrt als eine der GewinnerInnen des 11. Bad Godesberger Literaturwettbewerbs. Im Moment schreibt sie an einem Roman über die Zeichen der Zeit, an einem weiteren über Tango und Wege ehrlicher Annäherung.